U0040998

你要快樂、才能好好生活

10個讓你每天更美好
的幸福處方

Happy Mind, Happy Life:
10 Simple Ways to
Feel Great Every Day

作者
冉甘・查特吉
Rangan Chatterjee

譯者
沈志安

獻給

薇達塔、赭納、阿努詩卡

Contents

前言

INTRODUCTION

來，我想要你花個片刻，回想一下小時候，某個你真心感到快樂的時刻。可以的話，細節都不要放過：那時候的色彩、空氣的味道、臉頰上感受到的溫度，還有腳下的大地。當時你在哪裡？也許是在室外？在陽光明媚的日子，打著赤腳與一群朋友玩耍，沉浸在遊戲的純粹樂趣之中。對於未來，你並不擔心，也不會因為過去而苦惱。你完全活在當下，充滿了活著的喜悅和快樂。所以，到底怎麼了呢？為什麼你不再是那個人了？那些快樂、那些幸福都去哪了？

我知道人生有時候真的很苦。我們許多人都有太多事情要做，卻沒有足夠的時間，因而被壓得喘不過氣，甚至筋疲力盡。不管你現在是生活很困難，還是只想要比現在更快樂一些，你都來對地方了，這本書將幫助你擁有更多健康與快樂。好消息是，健康快樂比你想像的要容易得多。

快樂不只是表面的樣子

　　我當過二十多年的醫師，那段時間，我一直很渴望要完全理解，為什麼個案會坐在我面前？他們的生活中發生了什麼事，導致他們來到我面前？我在先前出版的書中提過，我們現代的生活方式，對我絕大部分的個案有舉足輕重的影響。當人們帶著一連串的身體症狀前來，我總會稍微調查一下。我通常會發現，他們問題的源頭來自於，他們的食物選擇、缺乏規律運動、睡眠品質差，或是沒有好好管理壓力。令人驚訝的是，只要稍稍調整人們的生活方式，就會對他們的整體健康產生相當大的好處。例如，幫助某人睡得更好、教他們做個簡單的一分鐘呼吸練習，就能為這些在焦慮中掙扎的人，帶來很大的改變與影響。透過學習紓壓和改變一些飲食習慣，腸胃蠕動不好的人就能有很大的改善。

　　但幾年前我開始懷疑，是否有比健康的生活方式，還要更上游、更根本的因素。會不會真的有比食物、休

息和運動更重要的東西？這疑慮揮之不去，一直困擾著
我。我問自己，那麼：生活方式完全正確，但健康**依舊**
出現問題的人呢？他們是怎麼一回事呢？他們是不是有
什麼共同點？還有那些總是搖搖擺擺，像在走鋼絲的個
案呢？他們能持續過上幾週、甚至幾個月有益健康的生
活方式，但之後就打回原形，回到先前對健康無益的行
為。到底是什麼讓某些人能夠毫不費力地作出有益健康
的選擇，而對另一群人而言卻是極為困難呢？

　　大多數人會告訴你，總歸一句，不外乎動機跟意志
力。人們普遍相信，如果夠想要健康，我們就會找到內
在力量去行動。成功來自意志堅強，失敗則是內心軟
弱。我認為這是錯誤的，我們的日常習慣**並非**心智強弱
的反映，它們只是反映了我們對於自己和周遭世界的感
受如何而已。

　　它是這樣的運作的：當我們有了負面的想法並允許
他人的行為影響我們的感受時，就會給身體帶來壓力。
像我這樣的醫生，每天診療的個案中，90% 都與壓力有
關。但當我們感到平靜、滿足並且能掌控自己的生活
時，結果就會剛好相反：我們會變得更健康。我一次又
一次地見證這個事實：當我們對自己的**人生**，以及**每日**

生活感受到真正而深刻的幸福快樂,這會對我們的健康產生深遠的連鎖反應。

上游源頭

‧你對自己或世界的感受如何?

‧你的想法和情緒

‧你的心理健康和幸福感

‧你每天的行為

‧你怎麼吃、怎麼活動、睡眠和休息

‧你的生理健康

下游結果

快樂等於健康

　　許多優秀的研究人員已經證實了快樂與健康之間的關聯。當我與耶魯大學頂尖的心理學家勞麗・桑托斯（Laurie Santos）教授對談時，她告訴我：「如果你觀察人們的快樂程度，就會發現這對他們的健康和長壽產生的影響。」曾經有項研究，科學家在實驗室中測量了一群人的正面樂觀程度。接著，他們將會造成感冒的病毒注射進這些人的鼻孔中。研究中的每個人都接觸到這種病毒，問題是，生病的會是誰？快樂，還是不快樂的人？「他們發現，心情不太不正面的人，生病的數量高出了三倍。」桑托斯教授這樣告訴我。

　　快樂對健康影響這麼大的部分原因是，如果你對生活感覺滿意，就比較有可能去運動、社交以及避免吃垃圾食物。這其實很明顯，但快樂絕對遠不止於此。很妙的是，研究還發現，同樣採取了這些健康生活方式的情況下，更快樂的人仍然活得更久。例如一項關於修女的

研究，這些修女都有著相同的飲食，並且有相似的運動量。當這些修女接受聖職開始服務時，她們會寫一篇自傳。心理學家對這些文章進行了評估，計算當中表現出多少正向情緒。接著，研究人員按照快樂程度排序，將她們分成四組。在最快樂的群組之中，90% 的修女在八十五歲時都還健在；而在最不快樂的群組裡面，只有 34% 還活著。

像這樣的卓越研究結果顯示，快樂對我們的健康是多麼有益，它們也證實了我自己行醫數十年的經驗。我有很多個案成天忙東忙西，忙到連像是散步這樣簡單的活動，都騰不出時間。他們沒有得到足夠的優質睡眠，長時間處在不堪負荷的狀態。我們好像隱隱約約認為自己可以長期這樣生活。

但其實不然，人們比以往任何時候都更加緊張焦慮，壓力從來沒這麼大。過勞、爆肝的現象現在越來越普遍，許多專家警告，心理健康的海嘯即將來襲。

我們常常忘記，身體與心靈不僅僅是「相關」而已，事實上，**我們的心靈就是身體的一部分**。這就是為什麼過著不快樂的生活，會同時對我們的心理**和**身體健

康造成嚴重後果。壓力通常在我們沒有意識之下，一點一點地在體內累積。每次我們因為別人而感到挫折沮喪，或期待事情與現況不同時，我們會給身體帶來壓力。每次我們對同事的電子郵件火大不爽、在別人的社群媒體留下負面評論或看不起另一個人時，我們也會給身體帶來壓力。隨著時間累積，這種緊張感會逐漸增強，使我們的身體無法感到自在、缺乏放鬆。而身體缺乏放鬆叫做什麼？疾病（「疾病」的英文disease是由「缺乏（dis）」和「放鬆（ease）」組成）。因此，缺乏放鬆就會引起疾病。

核心快樂

　　人們從至少二千五百年前的古希臘時代開始，就一直在辯論幸福快樂的本質。這些爭論至今仍在繼續，而且可能永遠不會結束。然而我依據自己在這領域多年的研究，以及在現實世界中面對個案的親身經歷，提出了一個新的快樂定義。我一次又一次地見證了它不但很準確，而且真的很有用。我精心設計了這個獨特的快樂模型，讓人們可以練習，並隨著時間而強化。我稱之為「核心快樂」（Core Happiness）。

　　核心快樂不是那種每天早上從床上跳起，滿面笑容、容光煥發、空中灑落仙女亮片的那種快樂；這不是你在聖誕節早上和孩子們在一起時，感受到的那種極度快樂；也不是當你踏出國際航班機艙、第一縷陽光灑在你臉上時的那種感覺。而是關乎把你的快樂程度提高，好讓你比較不會感受到負面情緒，並且縮短負面情緒發作的時間。

　　這關乎在你周圍建立一個堅韌又有彈性的快樂泡泡，在你碰到生活中無法避免的壓力和緊張時，可以好好保護你。這是為了確保你的快樂不會過度依賴他人或是自身以外的事物。這是關於用對待自己身體的方式來對待快樂，透過聰明且有效的規律練習來強化快樂與幸福感。

核心快樂三腳凳

你可以把核心快樂想像成一張三腳凳。每隻腳都是獨立，但缺一不可的。如果其中一隻腳斷了，你的快樂感可能就會崩塌。

心滿意足

滿足感意味著，坦然平靜地接受自己的人生和所做的決定。

表裡如一

代表你內心期望自己變成的樣子，和現實生活中的你，是一致的。

自主掌控

意味著你擁有主導權，且在合理範圍內，沒有任何事情能夠打擊你。

　　那麼它是怎麼運作的？你可以把核心快樂想像成一張三腳凳。每隻腳都是獨立、但缺一不可的。如果其中一隻腳斷了，你的快樂可能就會崩塌。凳子的第一隻腳

是「心滿意足」，滿足感意味著，坦然平靜地接受自己的人生和所作的決定；第二隻腳是「自主掌控」，這意味著你擁有主導權，自己能作出有意義的決定，且在合理範圍內，沒有任何事情能夠打擊你；第三隻腳是「表裡如一」，代表你內心期望自己成為的樣子，和目前你實際生活在這個世界上的樣子，是一致的，當你的內在價值和你的日常行為一致時，就是表裡如一，沒有內外衝突。

關於核心快樂，絕對不能忘記的是，它不是終點，並非只要某天你抵達了，就能從此過著幸福快樂的日子；相反，它是一個旅程。任何人的三腳凳都不能保證永遠不倒，因為生活總是有起有落，但是只要常常練習，你的核心快樂三腳凳一定會變得越來越穩定。像是，如果你想要更強壯的肌肉，就必須規律進行阻力訓練。核心快樂也是一樣的原理，你必須滋養你想增強的部位。而且，我向你保證，這絕對值得投入。你的核心快樂越強大，你就能越接近那個曾經很快樂、無憂無慮的自己。

垃圾快樂

當我們的核心快樂受到打擊而使凳子翻倒時會覺得痛，這是因為無法掌控，主導權消失、對自己的決定不滿，或是表裡不一的感覺，會產生負面情緒。面對這些情緒，我們的本能反應就是逃避，不管用什麼方式都好。通常，我們會尋求最方便、最快速的解決方案，來讓我們稍微不要那麼不快樂，即使這方法只讓我們短暫地快樂一下也好。我稱之為「垃圾快樂」（Junk Happiness）。每個人都有自己最愛的垃圾快樂習慣，用它來麻痺生活中不可避免的痛苦，例如一杯紅酒、巧克力、Instagram 或線上購物。當我年輕時，我的垃圾快樂習慣之一就是賭博。冒著賠掉我負擔不起的金錢的風險所帶來的快感，不管是足球、高爾夫、撞球比賽（其實我什麼都想賭），都能讓我忘記當下的煩惱，但長期下來總是會賠上長期的核心快樂。

我的意思不是說這些樂趣是完全不好的，但要是我

們經常從事這些行為，並發現自己過於頻繁地追求垃圾快樂時，問題就來了。當這些樂趣已經不是偶而為之的消遣，而是試圖填補內心因缺乏核心快樂所造成的空洞時，又衍伸出另一個問題。核心快樂和垃圾快樂之間的區別在於意圖，在酒吧裡與朋友交流時喝杯紅酒，和因寂寞而自己乾掉半瓶酒，是不一樣的。相同的解藥，但目的不同。

　　區分核心與垃圾快樂的方法之一，是你記起它時的感受。當你回想起自己的行為時，是否會再次充滿快樂？還是會讓你感到畏縮？若回想和朋友一起喝酒的時光會讓你感到更踏實，那麼這件事應該是滋養了你，並建立了更多核心快樂。但如果這個記憶讓你內心感到畏縮，那幾乎可以肯定就是垃圾快樂。

你需要的所有快樂早就在你心中

　　本書的目的是幫助你成為自己快樂與健康的建築師，我想幫助你回到我們一開始想像的、那個更快樂的你。其實你仍然保有創造快樂的所有原料，說穿了，快樂是一種感覺，就像任何感覺一樣，它是各種化學物質透過大腦和身體的作用所產生的結果。從技術上來說，這是多巴胺、催產素、腦內啡、內源性大麻素和γ氨基丁酸等化學物質帶來的結果。只要你的身體有能力製造這些絕妙的化學物質，你就有快樂的潛力。

　　究竟是什麼讓你無法產出這些化學物質，並感受你所渴望的那些快樂呢？日常生活的壓力和緊張顯然佔了大部分原因。然而，即使這與你原先想的不一樣，你也不需要讓這些壓力像魔術一般全部消失，才能感到快樂。事實上，這不僅沒必要，也不可能。

　　那麼，如果幸福的秘訣不是擺脫所有的精神壓力與

緊張，那什麼才是呢？我讀過關於幸福最有智慧的話語，來自心理學家丹尼爾·內特爾（Daniel Nettle）教授：「大部分的幸福並非來自世界本身，而是來自人們看待世界的方式。」這是生命中少數你可以直接開始進行的事情之一，你已經擁有了行動所需的任何資源。重點關於進行內在、而非外部的改變，因此在之後的篇章中，我會介紹一種全新且實用的方式來對待生活。

我想讓你看見，任何人都可以透過正確的練習變得更加幸福快樂。光這個事實本身，就很值得微笑。就像吃很多巧克力會變胖一樣，如果你每天練二頭肌，手臂就會更壯；如果你按照本書中的建議實踐，你自然就會變得更快樂。

而且，當你變得更快樂，你**也會**變得更健康。你會睡得更好、感到更平靜、體驗到更多愉悅，你還會發現，照顧自己和均衡飲食變得容易多了。

有些人認為，專注在個人要為自己的幸福負責的想法是錯誤的，因為這會讓我們忽略社會上更廣泛的問題，例如貧困、歧視和社會流動。我完全同意社會上有很多事情，讓某些人的生活變得更加艱難，尤其是邊緣

族群和財務困難的人。我希望社會能夠改變，但我不能
只是等著它自己發生，你也不能。我有份強大的使命
感，很想寫一本書來幫助你，無論你是誰，我都想幫。

選擇快樂

這本書的每個章節是建立在結合了最先進的科學、以及我身為醫生和人類數十年的經驗之上，它們包含實踐起來成本很低或是根本免費的通用原則，所以你可以立即在生活中開始應用。這些原則不需要你將現在的生活砍掉重練，甚至不用照單全收。

每個人通往快樂的道路都不一樣，你的快樂處方箋也跟我的不一樣。但是，在這本書最後，你肯定會感到自己有能力寫出屬於自己的快樂處方箋，對你和**你的**生活，完美適用的處方箋。

快樂的神奇之處在於它是一種主觀感受：如果你覺得快樂，那麼你就是快樂的。每天，你有能力作出一些簡單的決定，感受到更多、更持久的快樂。換句話說：快樂是一種決定。

我無法改變你在日常生活中會遇到問題和壓力的這個事實，但我可以改變你對它們的看法，你只需要下定決心。

那麼，你的決定是什麼？你想變得快樂嗎？你想變得更健康嗎？你想自在、平靜地走過人生嗎？如果想，請繼續讀下去。

一、寫下人生的快樂結局

WRITE YOUR HAPPY ENDING

心滿意足　　　　　　　　　　表裡如一

自主掌控

對人們來說，追逐快樂過程中最大的阻礙，莫過於誤解何謂真正的快樂。他們認為，如果有更好的車、很棒的假期，或是擁有更光鮮亮麗的頭銜，就會更快樂了。可是，要獲得快樂，並不需要買**任何東西**，也不用跑到其他國家。快樂，無關乎物質享受，也跟金錢無關。同樣道理，快樂也跟社會階級、種族、性向、社群網站的粉絲人數或工作成就無關。我認識許多相當有錢，但過得相當悲慘的醫生、律師和執行長。同時我也認識錢賺得不怎麼多，但對自己的生活心滿意足、相當快樂的人。

　　總歸一句，問題在於我們誤以為成功就是快樂。我相信對大多數人來說，內心空虛又不快樂的最大原因，是因為他們試著要用補償的方式，來填滿心裡的失落感，例如藉著酒精、垃圾食物、糖分，或埋首工作來使自己快樂。這些方法都不管用，原因是這在根本上就錯了。我們從小就被教導，為了功成名就，我們必須比周遭的人更優秀，只有其他人被淘汰，只有踩著別人往上爬，我們才算是成功。我們的印象就是，為了成功我們必須在學業上表現得出類拔萃，才能在未來擁有更好的工作、賺更多錢，這就是社會為我們定義的快樂。社會迫不及待，一有機會就開始對我們執行這個洗腦程式。請不要誤會我喔，我不反對追求成功，但成功卻**不等於**快樂呀。

夢想並不會讓你快樂

1962 年時，我的父親為了追求更好的生活，從印度來到英國，而母親在 1972 年也一起過來了。父親共有七個兄弟姊妹，他在國立加爾各答醫學院（Calcutta National Medical College）受訓成為醫生之後，為了給家人更多機會，便決定離開家鄉前往英國。他在當地成為了傑出的婦產科醫生，最後則是在英國曼徹斯特皇家醫院擔任不同科的主治醫師。在他過世前幾年，曾跟我說：「兒子，你知道嗎？小時候，我從沒想過能有自己的房子、車子。在印度，就算再努力工作，也沒辦法得到這些回報。我知道，如果在英國努力一點，我一定能有所斬獲。」父親一輩子辛勤工作，賺的錢足以讓全家去度假、讓我們上私立學校，但他並不快樂。

在立志成功的路上，他每週只睡三個晚上。我還記得，他每天傍晚五點半下班回家後，會先洗個澡、刮個鬍子，一吃完媽媽準備的晚餐，就會有輛車在六點四十

五分來接他離開。夜晚，他是個家醫科醫師，徹夜為病人看病，直到早上七點再次回家。刮個鬍子後，又前往曼徹斯特，開始另一天的工作，三十年如一日。這也是他在五十九歲時罹患自體免疫性疾病「狼瘡」的原因之一。後來，疾病導致了腎臟衰竭，更帶來十五年洗腎的歲月。迫於無奈，他只好提早退休。

即使天資再聰穎、工作再勤奮，父親當時依然面臨著嚴重不公平的種族歧視。多年來，經他訓練進行手術的「本土」醫生，往往不到兩三年，事業發展就遠超過他，這種劇情不斷發生。為了帶給家人更有保障的生活並取得主治醫師的頭銜，他只好放棄外科，轉到另一個自己其實不那麼喜歡的小眾專科。

小時候，他從未向我抱怨過這些，直到他倒臥病榻，才跟我透露這些事讓他有多悲傷。

　　父親不斷追求成功與挑戰所帶來的壓力，讓家人們的生活也過得相當緊繃。母親夜夜追劇，看著像是《加冕街》（Coronation Street）、《布魯克賽德》（Brook-side）、《東區人》（EastEnders）、《勇士與美人》（The Bold and the Beautiful）、《哈特夫婦》（Hart to Hart）等電視劇來麻痺自己，說她對這些節目上癮也不為過。度假前，她會先確保設定好節目錄製，這樣就能在回家後一次追完。如果是現在，她應該會沉迷於Instagram、抖音或是臉書。

　　和許多新移民一樣，我的父母以快樂為代價來換取成功。如果是在印度，他們就能在互相扶持的大家庭和社區中得到許多好處，孩子們需要協助時，也能有人幫忙照顧，而且沒有人會被歧視。儘管在英國功成名就，他們依然不快樂。我相信，有許多移民也對犧牲快樂來追求成功感到後悔。大家都掉入了這個普遍卻錯誤的迷思之中：認為快樂就是有房、有車、可以度假。父母在我小時候也是這樣教我，從小，我就認為追求成功、考全班第一、擁有一份好工作比什麼都重要。小時候，我的得失心很重，如果玩飛行棋（Ludo）輸了，我就會大發脾氣、衝出房門；若贏了呢？當然我會獲得短暫的快樂，但這只會讓我之後越來越想贏，輸掉的痛苦也越來越難受。

　　我們被灌輸要追求夢想，於是我們奉獻了全部的人生去追逐夢想，一而再、再而三地犧牲，直到所有的夢想成真。但是從來沒有人告訴我們：夢想並不會使我們快樂。

認識「想要的大腦」

關於快樂的迷思最令人驚訝的，也許就在於，真心相信的人竟然這麼多。我敢保證，世界上大多數的人若聽到「達成夢想並不能使人快樂」這樣的說法，一定會感到十分震驚，有些人甚至會覺得反感，為我這種聽起來就是酸民憤世疾俗的言論而批評我。人們會這麼容易掉入這個迷思，是因為它正巧與大腦裡被科學家稱為「慾望系統」（system of desire）的部分直接連結。這種在中腦多巴胺迴路上運作的慾望系統，是非常強大的。它是在食物和其他資源經常短缺的時代，透過演化而形成。它會刺激我們與其他人競爭，卯足全力為自己和家人儘量爭取。但它對我們的快樂一點也不在意，恰好相反，它的運作機制就是把擁有最大的生存機會作為原則來思考和行動。慾望系統強大得難以想像，因為它是一整個時代的產物。當時，人們的生存機率很低，成年人的平均壽命只有三十歲。

　　我稱這個系統為「想要的大腦」（Want Brain）。
讓你完全相信一塊巧克力、一台更大的電視或工作升遷
會讓你快樂的，就是這個部位，而且它會每天告訴你好
幾次這是真的。我們知道這是謊言的原因之一，是因為
有個很巧妙的研究，曾在一天之中隨機詢問人們在做什
麼，以及他們的感受。結果相當一致且驚人：由「想要
的大腦」驅動的「有趣」活動，像是吃巧克力、看電視
或在商店裡閒逛，實際上會讓我們喪失動力、更沒信
心，並感到更沮喪。

　　當你被「想要的大腦」迷惑時，數萬年的演化就會
登場，在你耳邊竊竊私語，密謀著要暗算你。這根本就
是名符其實的「石器時代」思想，在當今世代可能造成
比戰爭或流行病更多的日常不幸。我就見證過它對自己
造成的傷害。

住在被「想要的大腦」支配的世界

　　我們整個社會都是圍繞著滿足人們所有欲求而建立的，我們想要有份好工作，我們想要好車，我們想要很棒的假期，我們想要住豪宅。為了得到我們想要的一切，我們就想要錢。西方世界是一個市場經濟，這意味著，為了保持機制運作，它必須盡最大可能讓公民賺錢並使金錢流通。為了實現這一點，必須不斷刺激和鼓勵「想要的大腦」。於是我們不斷被廣告和新上架的產品誘惑──最新的手機、最新的時尚、最熱門的旅遊景點。我們都被鼓勵要將事業成功與幸福快樂畫上等號。社會本身和「想要的大腦」共謀，讓我們真心相信這些沒有太多價值的裝飾品會讓我們快樂。難怪最後大家都心碎了。

　　我受到「想要的大腦」文化的全面灌輸可能是從七歲開始的，當時我的父母拿了一張十英鎊的支票，帶我去到米德蘭銀行，我用這張支票開了一個獅鷲（該銀行

的吉祥物）存款帳戶。我因此得到了一本字典；一本專屬於我、看起來像支票簿的存款單；一個漂亮的藍色文件夾；甚至還得到一個上頭印有吉祥物獅鷲的存戶徽章。我驕傲地將它別在我的學校外套上，覺得自己像個大人。這一切對我來說代表什麼呢？它讓我相信大人就是要有錢，而為了賺錢，我必須要成功。這種觀念在我的學生生涯中持續灌注著，一直有人給我這樣的印象，讓我相信人生最重要的就是考試得高分，以便獲得夢想中的工作。所有這些想法都正中「想要的大腦」下懷，結果就是，我把「贏」當作了自我身分認同。九十九分對我來說永遠不夠好──對我父母來說也不夠好。只有一百分才算好。

我們沒有意識到，我們都簽署了一份成年人合約，上面規範我們要儘可能地賺錢和花錢，來為市場經濟作出貢獻。所以，我們完成學業，找到工作，並期待這種成就會讓我們快樂，但事實並非如此。我們努力爭取下一次升遷，以為更上一層樓就會快樂，然後我們意識到我們仍然不開心，但也不知道為什麼。我們努力履行義務，達成別人對自己的期待，但生活仍感到空虛。我們問自己，為什麼？我們被徹底洗腦，被植入「想要的大腦」心態，相信如果我不開心，那一定是因為錢還賺得

不夠多。於是我們乖乖回到跑步機，繼續原地踏步。我認識很多這樣的「成功」專業人士，他們不缺錢、擁有漂亮的房子和豪華的車子，但他們很痛苦。他們討厭自己的工作，入行只是為了滿足父母的期望。當他們到了三十多歲的時候，他們就結婚、背房貸，且往往需要支付小孩學費。他們正在為經濟提供養分，表面上看起來「功成名就」，但事實是：他們被困住了。而且，為了補償這種痛苦，一到週末他們就喝到茫，麻痺自己。

當然，這種感覺並不只專屬於銀行高管或律師等高收入者。我有數不清的個案都被「想要的大腦」思想誘惑，他們困在想要更快樂，卻徒勞無功的輪迴之中，以過勞工作來追求更大的汽車、更棒的假期或更酷炫的手機，同時試圖讓別人羨慕崇拜來使自己感覺良好，但一點用都沒有。試圖獲取他人的認可來增加自我價值，注定是要失敗的。這不是長久之道，也不能解決問題的根源，而且依賴別人的認同，對我們的身心健康會產生負面影響。

我並不是說金錢與快樂毫無關係，許多相關研究都指出，一旦我們有足夠的錢可以滿足如食物和居住等基本需求，更多的錢並不會讓我們大幅增加快樂程度。如

果我們回想一下核心快樂三腳凳，就可以了解，金錢在
某些情況下，是能幫助我們在生活中獲得掌控感和自主
性的。

　　但是，我認為整個社會都太過強調金錢的重要性
了。金錢能夠消除不快樂的常見源頭，但它本身並沒有
給我們帶來快樂。真正的快樂來自內心。

　　要了解現代世界已經變得多麼不自然和不健康，我
們可以將當今不斷被「想要的大腦」刺激的生活方式，
與我們過去的生活方式進行比較。我們在二十一世紀為
享樂而做的事情，是我們過去為了生存而做的。曾經，
我們的「職業」是捕魚、狩獵、覓食或烹飪。男人可能
會去打獵，在路上與他們的伙伴邊走邊聊天，沉浸在同
行夥伴的陪伴和參與共同任務的興奮之中，他們常常在
大自然中活動身體。女人也會花很多時間與朋友和親戚
們相處，聊天、大笑、挖根莖類植物、採集堅果和莓
果。到了晚上，整個部落都會圍在營火旁，談天說地聊
是非、講故事、唱歌。世界各地仍存在著原住民部落，
例如坦桑尼亞的哈扎部落（Hadza），他們就是這樣生
活的──跟大自然與他們自己和諧共處。

　　當然，我並不是說過去生活的方方面面都是完美的，事實上離完美還遠得很。許多事物都在現代生活中得到了很大的改善，但並非全部都是。今日，現代人花很多錢去做過去曾經是我們每天工作的內容。我們至今仍然享受這些消遣，因為我們天生就是會喜歡這些事情。這些事也是我們生而為人該做的，人類生來不會整天坐在辦公室裡、開計程車、或在悶熱的火車上坐好幾個小時通勤。當我們在這些情況下不開心時，常常認為是自己的問題，但這不是事實。若讓一個北坦桑尼亞哈扎的部落原住民在辦公室待個八小時，他們也會很痛苦。面對現代世界中的各種怪象，你的不快樂是完全合理的反應。

重新定義成功

當我們定義成功的同時，也定義了失敗。如果我們認定在滿足了所有物質慾望——例如在客廳放置完美的沙發、為孩子計劃「完美」的生日派對、在最新的餐廳吃飯然後分享在社交媒體上，才能算是好好生活，我們同時也認定了，當我們無法一直「贏」，我們就是失敗的，而這就是悲慘的來源。一旦我們簽署了成年人合約，我們就寫下了自己的不快樂劇本。怎麼辦呢？答案就是：重新定義成功。

當「想要的大腦」控制了我們，我們很容易忘記生活中讓我們真正快樂的小確幸，比如放鬆地泡個澡，或在大自然中散步。我在週日下午最喜歡做的其中一件事就是：廚房打掃完畢後，放一張雷・拉蒙太奇（Ray LaMontagne）的 CD（你沒看錯，我還在聽 CD，你很快就會知道為什麼！），然後煮兩個小時的胡桃南瓜湯。這根本就像置身天堂，無論過去一週的工作是很美好還是壓力山大，在那兩小時裡，我就是世界之王。

　　經典《道德經》中所言「知足者富」，這正是整個「重新定義成功」過程的意義所在：決定怎樣才是足夠，並用它來定義成功的一週和成功人生的真正模樣。這跟賺更多錢、在工作中獲得升遷或是購買新玩具無關，而是關乎真正能帶來快樂的事物，並且繞過「想要的大腦」。

定義你的快樂習慣

◆寫下三件帶給你強烈快樂感受的事情：就叫它們快樂習慣（Happiness Habits）好了。看看你能不能每週都做，例如，屬於你的成功的一週可能包括在大自然中散步、用埃普索姆（Epsom）鹽泡澡以及與家人一起用餐三次。或是，跟一位很要好的朋友相約、彈吉他或和媽媽一起到餐廳吃午飯。你的快樂習慣對你來說是獨一無二的。

◆久而久之，你可以逐漸增加快樂習慣的數量。你可能無法每週都做到，不過定義自己的快樂習慣，並檢視自己做了幾個，可以幫助對抗「想要的大腦」世界中，那扼殺快樂的效果所帶來的影響。

寫下你的快樂結局

現在花點時間寫下你心中幸福快樂生活的模樣，想像你在臨終時，回首往事，會希望完成哪三件重要的事，才能感到滿足無憾？這是非常實用的練習，因為它可以幫助你從三萬英尺的高空檢視人生方向。

◆ 了解這些重要、影響最大的人生目標，將幫助你形塑每天和每週的快樂習慣。對我來說，如果我為他人的健康作出了貢獻、與我的朋友和家人共度不受打擾的時光，並且還有時間專注於我熱愛的活動，那麼我走到生命盡頭時會感到相當快樂。因此，如果我每週都能錄製一集播客、定期和我的家人坐下來吃飯，並抽出時間彈吉他或打個撞球，我就知道我能覺察每個當下、更有意識地生活，並朝著對的方向前進。

定期做這兩個簡單的練習，會幫助你重新定義屬於自己的成功。「定義你的快樂習慣」是一個很好的每週練習，也許可以在週日的早上，邊喝茶邊進行。「寫下你的快樂結局」則不用那麼頻繁——大約每月或每季做一次即可。

這些練習目的在於提高自己對人生以及生活方式的覺察力，唯有覺察自己，才有改變的可能。

一旦定義了專屬於自己的成功是什麼樣子，你會發現自己開始把注意力轉移到正確的事情上，降低了「想要的大腦」中的雜音，也放大了快樂的音量。

重新定義自己

　　你如何認知自我，對快樂來說超級重要。我現在比五年前快樂多了，因為我有意識地經歷了一個撕掉自己標籤的過程。大多數的標籤都是虛構的，是社會貼在我們身上的。按照社會的說法，我是醫生也是父親，表面上，這似乎沒什麼問題，但我了解到，這些想法實際上比表面上看起來更麻煩。在沒有清楚覺察的情況下，這些標籤會造成我們按照自己以為的、這種身分的人**應該**要有的生活方式去生活。

　　如果我們過於依賴這些標籤，就會感到脆弱、沒安全感。萬一我們失去它們，也會失去自我認知，不知道自己是誰。例如，我的標籤是「醫生」，要是我生病了，不能再工作了會怎樣？或是萬一我被解雇了呢？到時候我會是誰呢？如果我的整個自我認知都包裹在身為醫生的概念裡，那當我不再是醫生，我會怎麼看待自己？這種情況經常發生在人們退休的時候，他們的快樂

和健康開始走下坡，因為他們已經失去了自我認知感。

　　那麼，我作為「父親」的標籤呢？這似乎是一件相當值得引以為傲的事情。說真的，身為父親是我生命中最重要的角色之一，我盡力成為最棒的父親，並立志培養我的孩子成為善良、富有同情心的人。但當個好爸爸不等於全部的我，這只是我扮演的一個角色。如果我太依附這個標籤，萬一哪天我的孩子不開心，說我不是個好爸爸，那該怎麼辦？或當他們長大離家時怎麼辦？如果我太執著於父親的身分，就有可能陷入垃圾快樂的陷阱中。這幾年，我不再將自己定義為醫生或父親，而是一個好奇的人，這個身分套用於我在生活中所扮演的每個角色都管用，且適用於我會遇到的任何情況。理解這一點後，我感受到更深刻和深層的自由與平靜。

自我認知清單

現在，請你開始重新定義自己。你的個人認知來自你的價值觀。所以，你在生活中真正看重的是什麼呢？我列出了一些可能的選項在下方，來幫助你釐清。這列表不算是鉅細彌遺，所以把它當作是參考指南就好，也歡迎你增加自己的選項。

- ◆ 好奇心
- ◆ 正直
- ◆ 同情心

- ◆ 家庭
- ◆ 創意
- ◆ 誠實

- ◆ 氣候和環境
- ◆ 獨處
- ◆ 大自然

- ◆ 智慧
- ◆ 自律
- ◆ 為他人挺身而出

- ◆ 謙虛
- ◆ 善良
- ◆ 忠誠

- ◆ 自愛
- ◆ 親密關係
- ◆ 陪伴朋友和家人的時光

- ◆ 同理心
- ◆ 當個好的傾聽者

　　首先，我希望你選出三個價值觀。然後，每週花點時間評估一下自己在落實這些價值觀的表現如何。我建議你在某個地方寫下你的價值觀，好清楚看到自己的目標並為自己的承諾負責。也許，你可以像我一樣，把這

些價值觀放在社交媒體個人資料的最上方。也可以把它們寫在便利貼，然後貼在冰箱上。實際進行練習，並把它們寫下來且放在輕易可見的地方，是相當有幫助的。

這就是通往向快樂的第一步，它很重要，因為如果沒有先定義你想去「哪裡」，你就永遠無法到達「那裡」。當你評估自己每週的表現時，不要對自己太苛刻。這會是持續一輩子的旅程，我們要的只是提高覺察並且穩定進步就好。

為什麼「表裡如一」很重要？

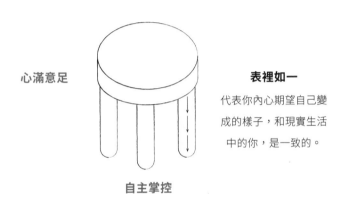

心滿意足

自主掌控

表裡如一

代表你內心期望自己變
成的樣子，和現實生活
中的你，是一致的。

　　有意識地定義你的自我認知至關重要，因為它有助
於強化核心快樂三腳凳當中的「表裡如一」這隻腳。
「表裡如一」是當你的內在價值觀和外部行為相匹配時
的狀態。但是，如果你從來沒有花時間定義你的價值
觀，你怎麼知道你是否走在實踐「表裡如一」的路上？
「自我認知清單」的練習非常有效，它透過讓你有意識

地評估自己的內在價值觀，來啟動這個過程。完成這個練習後，你就能評估自己的日常行為是否與這些價值觀一致。

你說重視與家人共度不受打擾的時光，但實際證據顯示你幾乎連一點時間都沒有？你說你很重視健康，然而，回顧過去卻發現你從沒花什麼時間好好照顧自己？你說善良很重要，但誠實面對自己後，卻發現自己在工作中有些不正派，暗中搞些小動作，而且對上錯前菜的服務生很不客氣？你說你重視親密朋友，而實際上你在過去半年都沒有抽時間與他們聯繫、跟他們聊聊？

關於本章中的練習，要記住的關鍵就是：它們是專屬於你的。對你來說重要的事情，很可能跟我的不同，這完全沒問題。為了增強自己的核心快樂感，你需要確保自己的行為與**自己的**價值觀一致，而這只有你自己可以判斷。這個練習的用意不是要讓你感到愧疚，而是關於誠實。只有當你能夠不帶情緒地評價你的生活時，才會真正迎來改變的可能性。時間一久，這些練習將幫助你調整日常行為，讓你變得更加表裡如一，這將對你的核心快樂產生如蛻變一般的影響。

有越來越多人開始批評追求快樂的想法。他們說：「我們不應該追求快樂，我們該追求的是意義。」但有意義並不等於快樂，有人可能會辯說，在第二次世界大戰前線與納粹作戰的士兵，過著非常有意義的生活，當然，這並不代表他很快樂。你做的工作可能是你喜愛的、為你帶來深刻意義的，但同時，龐大的工作量可能讓你覺得筋疲力竭。是的，你做這份工作很有意義，但你不會快樂。

毫無疑問，在生活中擁有意義和目的是獲得快樂的重要成分，但它本身並不足以帶來快樂。這就是為什麼談到快樂時，我更喜歡把重點放在「表裡如一」。當你開始表裡如一，你絕對會馬上開始活在生活的方方面面之中，更加充滿意義和目的。如果善良是你的價值觀，儘管工作很忙、壓力很大，你仍然有辦法對咖啡師、同事和公車司機友善——你絕對會過著有意義的生活，因為你是照著自己專屬的價值觀活著。許多人覺得社會上許多圍繞著「在生活中尋找意義和目的」的說詞，讓人備感壓力、心生畏懼，甚至導致挫敗感。但當你將注意力集中在表裡的一致時，意義和目的感便會自然而然地出現。

　　表裡如一對快樂真的很重要，因為你總得面對自己，你騙不了自己。如果你是靠著貶低某人、踩著他們肩膀或是不老實，才能往上爬，你自己其實清楚得很：你得到了這份工作和更高的薪水，但開始與你心目中理想的那個人漸行漸遠，表裡不一。這件事會不停地困擾著你，白天單調的工作結束後，夜晚當你躺在床上的安靜時刻，仍然會想到它。我們都知道這種感覺，知道它如何像酸一樣，一點一滴地腐蝕快樂。事實上，人每時每刻都必須跟自己相處，這就會像是無期徒刑。因此，用表裡如一的方式來生活至關重要。

崇拜錯誤的英雄

　　生活在「想要的大腦」以金錢、慾望和成功為基礎的世界之中，其中的一個結果就是，我們經常向錯誤的人看齊。我們傾向崇拜那些獲得巨大名氣聲望、財富或專業身分的人。身為高爾夫球迷，我曾經把老虎伍茲（Tiger Woods）當成偶像。不要誤會喔，我還是認為他很了不起，他的天分和在壓力下保持冷靜的能力總是讓我驚艷。而且毫無疑問，他是史上最成功的運動員之一，但這空前的成就有為他帶來快樂嗎？

　　我已經明瞭，這麼多年來我把老虎伍茲當英雄崇拜，但我看到的，只是他的冰山一角。我沒有看到他破裂的婚姻、憂鬱、止痛藥成癮、運動傷害和他試圖對抗的心魔，這些不為人知的面向，都屬於他。每當我們崇拜某些人、把他們當成自己人生的楷模，我們往往忽略了其他面貌。我們以為自己想成為老虎伍茲，但其實我們不想。

這些日子，我不再崇拜體育明星，而是在我的生活和周遭尋找價值觀與我一致的人。例如我的岳父，他是一個很棒的人，我從來沒有聽過他提高嗓門斥責別人。他善良、體貼、周到，似乎沒有什麼事會讓他不開心。他總是安靜地執行日常任務，而且擁有最棒最神奇、可以照亮整個房間的笑容。這些都是我最欣賞、最渴望帶入日常生活的特質。

在你的生活和周遭，有誰展現出你渴望的特質和價值觀呢？

結論

　　人們在尋找快樂的過程中所遇到最大、也是唯一的問題，是把快樂與成功混為一談。當然，兩者兼具是絕對可能的，但絕非一定。我們在「想要的大腦」文化中長大，它欺騙我們，讓我們相信勤奮工作、成就事業和擁有物質資產會帶來快樂。這是一個殘酷的騙局，目的是餵養市場經濟並使其持續運轉。在充滿「想要」的世界中是永遠找不到快樂的，因為慾望不會有滿足的一天。相反，我們該了解真正能讓我們快樂的是：按照我們的價值觀生活，以及那些簡單又幾乎免費的事物，像是熱水澡、一杯好茶或在海灘上散步。

二、選擇少一點

ELIMINATE CHOICE

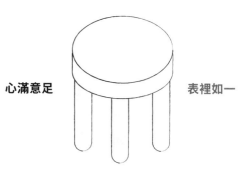

心滿意足　　　　　　　　　　　表裡如一

自主掌控

以前每個週六晚上，孩子們上床睡覺後，我和太太薇達塔就會坐在樓下的沙發上，打算看個電影。我們通常會使用網飛（Netflix），因為它的選擇最多。遙控器拿在手上，我們開始瀏覽所有選項──新上架、經典、劇情、真實犯罪、傳記電影，紀錄片似乎也不錯？嗯……我們到底想看什麼呢？我們會權衡所有選項，然後開始意見分歧，接著試著妥協，找到雙方都想看的影片。過了大約四十五分鐘，我們就沒那個心情了，於是決定放棄，最後什麼也沒看到。

　　這個時代最難以置信的事情之一，就是它所提供的選擇數量。我們住在「想要的大腦」的世界，它的設計就是儘量提供選項給我們，在商店、餐廳，或是在媒體和網路上，不管在哪都是，能多就儘量多。當我們規劃假期時，只要錢夠多，整顆地球幾乎沒有到不了的地方。想要的話，甚至也可以去北韓走走。研究指出，我們每天做的決定多到嚇人，高達三萬五千個，光是食物就有二百二十六點七個決定要做。我們很少停下來問自己，數量多到令人喘不過氣的選擇，真的對我們有好處嗎？如果能穿越時空，把我和薇達塔送回只有三個電視頻道的英格蘭，我們會度過更快樂的居家週六夜，彼此關係會更親密嗎？答案幾乎可以是肯定的。

選擇陷阱

太多選擇會給快樂帶來很大的負面影響。我們每一天，作出的每一個決定都會耗掉部分的自己。每個選擇都會耗費心神，也都要花時間，還會奪走心靈的平靜。因為當選擇越多，我們就越沒把握自己作出了最好的選擇。研究人員發現，提供太多選擇的商店會讓顧客備感壓力。針對單一產品，如果超市提供二十八種口味，該產品的銷量就會直線下降，但如果只提供三個，銷量反而激增。在三個選項間作出決定不會讓人承受不了，但面對二十八個選項，意味著人們十之八九一定會感到焦慮不安。同樣，心理學家也發現，如果商家允許我們把已經購買的衣服拿回商店更換，可以換貨的這個選項，會讓我們對於自己購買的東西，感到不那麼確定，讓我們沒那麼快樂，再度損害我們的心理狀態。

我們認為擁有選擇就是自由。事實上，我們經常把選擇和自由當作同一件事。在大多數社會中，我們將自

由視為一項神聖的權利，但選擇領導國家的總理這種自由，與每次去超市都要在七十二種不同的優格中作抉擇，是不一樣的。為了要了解為何有這麼多選項、以及為什麼日復一日被選擇壓得喘不過去，絕對會讓我們的人生痛苦，我們得回去看看我們的新朋友，核心快樂三腳凳。

虛假的選擇 VS 有意義的選擇

　　面對太多決定所產生的焦慮和懷疑，會折斷核心快樂三腳凳的兩隻腳，讓我們無法滿足、意志薄弱，對於世界有種無法掌控的感覺。建立核心快樂的做法之一是讓「想要的大腦」平靜下來，但是，當我們不斷面臨一個又一個的選擇時，它反而會得到滋養且變得更強大。「想要的大腦」總是帶我們到一個叫「如果……」的地方，讓我們懷疑自己的選擇，並加深不安全感。「想要的大腦」讓我們不斷地想：「如果我當時作了不同的選擇，我的人生會更好嗎？」我們越不確定，就越無法感受到心滿意足、越無法好好掌控生活，核心快樂就越薄弱。可是，過一個沒有任何選擇的人生不但不可能，也會無聊到爆。為了取得平衡，學會分辨虛假和有意義的選擇是很有幫助的。

　　我們之中的一些人所作出最有意義的選擇之一，就是婚姻伴侶。當我們選定了這輩子的情人，並說出我們的誓言時，就是在告訴世界，我們已經作出了永遠的決定。婚姻隱藏的樂趣之一是它從根本上排除了未來的選項，這意味著我們可以停止考慮讓其他人作為感情的對象。這會幫助你感到更滿足、更有把握，因為生活變得較能預測，而核心快樂感也因而更強韌。

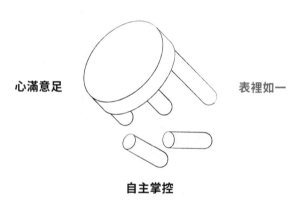

心滿意足　　　　　　　　　　　　　　表裡如一

自主掌控

　　選擇婚姻伴侶顯然和在餐廳選擇喝什麼酒，屬於完全不同的決定。如果你是葡萄酒行家，考慮要喝什麼葡萄酒，可以建立自己的核心快樂，那太好了，你將作出明智的選擇，並且很有可能對它感到滿意；但如果你不熱衷葡萄酒，苦惱究竟要點哪一支酒，絕對不會讓你開

心；相反，挑酒的體驗對你來說，就是焦慮來襲的時刻。你可能會因為不知道該如何選擇而責怪自己，還會因為後悔自己最後作的決定。你作決定的體驗跟葡萄酒行家完全不同，對行家來說，看著酒單，思考該喝哪支可能是當晚的亮點。

　　如果並非行家的人對於要點哪支葡萄酒感到焦慮，他們就是讓自己被虛假的選擇絆倒了。為何說是虛假的選擇呢？因為，無論點哪一瓶，他們一定都會喝得很開心。事實上，他們很可能無法分辨貨架上各種酒款之間到底有什麼差別。當心理學家在實驗室條件下測試葡萄酒專家時發現，就連專家也很難區分不同酒款的差別──甚至連紅葡萄酒或是白葡萄酒都分不清。我們在日常生活中作出的許多選擇都是這樣──虛假選擇奪走的快樂，比它們帶來的更多。只在關鍵時刻作選擇，還有一旦選擇了，就接受決定，如此一來，我們就能建立核心快樂。

太多選項對健康有害

　　幾年前，我參加了在美國主辦的生活作息醫學會議。我在午餐時間急著跑到當地的小吃店覓食，我只想要一份鮭魚沙拉，但過程中被問了十幾個問題——什麼尺寸？上面要放莓果嗎？要淋醬汁嗎？好，那請問要加什麼醬呢？要酸黃瓜、番茄嗎？哪種番茄？諸如此類的。是的，我買到了我要的健康沙拉，但也得到一大份壓力副餐，抵消了食物本身的許多好處。

　　如果說二十一世紀「想要的大腦」世界保證會賜給我們什麼，那就是壓力了。每天，從我們醒來的那一刻起，就會受到我所說的微量壓力（Micro Stress Dose, MSD）攻擊。這是我在我的第二本書《壓力解決方案》（The Stress Solution）中介紹的一個概念，它確實引起了讀者的共鳴。我認為有必要再談一次，因為它把太多選擇對於健康的影響，解釋得相當精闢。

微量壓力是當我們看新聞或社群媒體，或是因為太晚出門塞車，同時後座的小孩整趟路都在踢你的椅背，所產生的那些極短暫的焦慮、挫折或恐懼的時刻。我們通常有辦法應付個別的微量壓力，但當它們開始積累時，問題就來了。我們一天吸收的微量壓力越多，我們就越接近自己的壓力臨界點，也就是快要爆炸、快要受不了的那個時刻。當我們超過壓力臨界點，就會變得被動、情緒化、易怒。伴隨而來的是脖子僵硬、背部緊繃、偏頭痛發作或者腸躁症突然變嚴重。

工作過多、通勤時間長、睡眠不足和情緒緊張當然都會增加日常壓力負荷，但是太多選擇也會造成相同的後果。每次你作了不必要的選擇時，都會在心裡和身體中製造緊張和壓力。每次你無法決定看哪部電影、聽哪首歌、在餐廳點什麼菜、在書店選哪本書、聽哪個播客節目、買什麼型號的手機時，你都在增加當天的壓力負荷。而且，一點一點地，這讓你越來越接近你的個人壓力臨界點。當我們接近壓力臨界點時，是不可能快樂的。我們感到失控、不滿，而下一個微量壓力到來時，我們一定會開始表裡不一。問題不在於最後的微量壓力，而是一整天的累積。

　　個別來看，每一個選擇看起來都沒什麼，但根據我
的臨床和個人經驗，我可以保證壓力劑量累積的速度非
常快。我堅信太多的選擇是多數人整天感到筋疲力竭、
喘不過氣、疲憊和壓力大的主要原因之一，這會對我們
的健康產生連鎖反應。慢性且長期不間斷的壓力，會導
致或誘發許多不同的健康問題，包括失眠、焦慮、憂
鬱、腸道問題、荷爾蒙問題、自體免疫問題、心臟病和
大腦退化。

　　我想幫你掙脫微量壓力帶來的負擔以及造成的衍伸
問題。減少不必要的選擇就是非常有效的方法。

若想收聽我在播客介紹關於微量壓力以及壓力對健康造成的影響，請前往
www.drchatterjee.com/41。

個案分析

　　在我的個案當中，因為太多選擇而受害的人不算少數。四十歲的馬丁來找我看診，因為他在上樓梯時感到呼吸困難和胸部疼痛。經過檢查和診察，我發現疼痛來自他的心臟。他感到震驚並且決定採取一些行動，不過他很堅持不想靠任何藥物。

　　馬丁平時經常久坐不動，因此他同意開始定期規律運動，但是幾個月後我再次見到他時，他依然沒有開始做任何事情。他跟我說他無法決定要做什麼運動，他有個朋友從事鐵人三項，有人在健身房練舉重，也有人發誓跑步改變了他的一生。馬丁花了幾個月的時間研究「最好」的運動方式，有點好笑的是，這些研究全都是坐在筆電前完成的。僅僅是要作出選擇，就已經讓他癱瘓了，甚至因為找不出答案，他好幾個晚上都睡不好。

　　我問他，如果不要深入研究，要怎樣才能立刻開始

行動？他說走路。「太好了，」我回他，「你能承諾每天在同一時間走路十五分鐘嗎？」他同意每天早上八點走路。隨著他的健康狀況改善，胸痛得到緩解，運動的動機增強，越來越有動力。幾個月後，時間已增加到每天四十五分鐘了。這對他生活的其他方面也產生了連鎖反應，他現在吃得更健康，也更重視睡眠了。他也意識到太多選擇在生活的其他方面影響了他，因此開始寫下每週飲食計劃以減輕選擇飲食的壓力。他喜歡聽健康主題的播客，在我的建議下，他決定只聽一兩個頻道，而不是每次打開播客應用程式時都感到不知所措。

一年後，他整個人脫胎換骨。他心臟的狀況已經改善到不再有胸痛，而且他也快樂許多。他覺得更能掌握自己的生活、更心滿意足、表裡也更一致。當然啦，步行有助於他的整體健康，但透過放棄多餘的選擇來減輕壓力，才會產生這麼棒的效果。如果我沒有鼓勵他放棄選擇，他永遠不會意識到這麼做對健康或是快樂帶來的好處。

減少選擇的方法

　　時尚圈的高層主管寇特妮・卡佛（Courtney Carver）過去常因每天早上要穿什麼而感到焦躁崩潰。她決定透過限制衣物的選項，來簡化這個過程。她稱之為「3-33計劃」，也就是在三個月內只穿三十三種品項，包括衣服、配件飾品、珠寶和鞋子，但不包括內衣、睡衣、家居服或運動服。

　　這個體驗完全改變了她的人生。她了解到自己的衣櫥就是破壞核心快樂的主要來源，她根本不必讓不合身或不喜歡、仍掛著標籤的衣服不斷提醒自己買錯衣服或是亂買根本穿不到的衣服，而破壞自己的心情。「3-33計劃」變成了一股風潮，現在有更多的人減輕了生活壓力和焦慮、早晨時光更平靜，還節省了金錢和精力。當然，不過度消耗有限資源和不購買不必要服飾的額外好處，就是幫助維護地球環境。

　　毫無疑問，這些人透過每天早晨感受更能自主掌控人生、內心更滿足，增強了核心快樂。「3-33計劃」的秘訣，說穿了就是減少選擇。一旦你開始找到經常作出虛假選擇的場合，就可以開始有意識地減少它們。音樂是我最大的愛好之一，人們經常因為我還在聽CD而嘲笑我。我知道許多人現在只用Alexa（亞馬遜公司推出的智慧型助理）來點播音樂，但我喜歡CD的地方在於：音樂家已經為我決定了要聽什麼，以及聽的順序，他們是經歷多少煎熬才想出這個最貼近完美的曲目順序。而在串流媒體服務上，你是可以聽到人類過去錄好的每一首歌曲，但卻會淹沒在眾多的虛假選擇中。如果你發現自己永遠無法決定要聽什麼，並且經常浪費時間和精力在思考這種事，為何不重拾聽專輯的習慣呢？

　　另一種排除選擇的方法是訂下個人準則。舉例來說，如果你是那種會瞇著眼睛痛苦地讀酒單的人，為什麼不規定自己永遠買第二便宜的選項呢？如果你想請家人吃外送，但沒有人要決定哪家餐廳，你就用擲骰子或玩剪刀、石頭、布來選擇。如果你想避免為購物而煩惱，只需詢問一個你信任而且真正懂的人，並接受他們的建議。我曾經也是那種想要買新相機就會花好幾個小時研究選項、比較功能並仔細考量每個優缺點的人。近

年來，我就只買第一個被推薦給我的機型。市面上所有的相機該有的功能都有了，效能也夠好了，我不想陷入這種選擇，因此索性就不作選擇了。

你也可以在任何場合增加自己的準則。據說，星巴克銷售的飲料可以有八萬種不同的組合，儼然是飲料界的 Alexa。每次去喝咖啡的時候，你是否都在浪費精力、耗損核心快樂呢？你願不願意得到堅持只作一個選擇的好處呢？生活中還有哪些地方，讓你老是在作沒必要的選擇？

為真正重要的決在節省精力。

你可以在生活中的哪裡

減少選擇？

你在生活中的哪些地方作出了不必要的選擇？在哪些場合可以藉由減少決定來消除壓力？

　　你的生活方式對你來說是獨一無二的，因此，你真正重要的選擇跟我的重要選擇不會相同，這完全沒有問題。重要的是，我們要儘可能避免虛假的選擇。

　　試著使用以下範例來幫助你建立個人選擇準則：

◆**寫一份飲食計劃表：**對我們許多人來說，壓力的主要來源是決定要煮什麼和吃什麼——在每週購物之前，計劃下一週的飲食內容，有助於消除這種壓力。

◆**選擇一個晨間的例行活動：**我們許多人都被選項癱瘓，無法決定每天要遵循哪些健康習慣，因此最終什麼都做不了。選擇一個你認為你會喜歡的早晨例行活

動，並且開始去做。不要一直尋找改變或改進它的方法，定時有小小的進度總比什麼都不做要來得好。請參閱第285頁了解更多有關我自己的晨間活動。

◆**創建一個電影清單**：在日記或手機應用程式中列好電影清單。當電影時間來到，不要瀏覽影音串流平台選單——只需從你自己列的清單中挑一部來看。

◆**做一個有選擇性的聽眾**：只訂閱一兩個提供你喜歡的主題以及你要的多樣內容的播客節目。之後，你每次打開播客應用程式，就不用在數百萬個不同節目之間作選擇，而是可以立即開始收聽。

◆**不要為餐廳的菜單傷神**：如果你已經知道自己喜歡什麼，那就點下去吧。沒必要每次在咖啡館或餐廳用餐時，都增加自己的壓力。

◆**選擇一個播放清單**：按照音樂家或歌手為你安排好的順序收聽整張專輯，或讓串流媒體服務（如 Spotify、Apple 或 Amazon Music）為你選擇播放清單。這些強大的演算法很擅長從你先前的聆聽習慣中，摸清楚你的音樂品味。把選擇播放清單的壓力交

給它們，你只需要放鬆享受就好。

　　我希望你好好審查自己的生活方式，看看自己會在哪些面向作選擇以及作選擇的頻率。完成後，我希望你誠實地問自己，這些選擇中到底有多少是真正必要的。創立一張個人準則列表，你就可以開始刪減生活中的選擇。你不需要立刻檢視所有的選項，因為即使是一個微小的改變，也會開始產生成果，而且隨著時間累積，成效也會越來越好。

結論

　　太多選擇可能會成為你生活中巨大的隱性壓力來源，它會耗盡你的心思並削弱你的核心快樂，你會感覺生活失控、變得更不開心和更無法滿足。透過刪減選擇、建立個人的選擇準則和增加生活的例行活動，你就可以簡化生活、改善健康和增添快樂。

三、尊重自己

TREAT YOURSELF WITH RESPECT

心滿意足

表裡如一

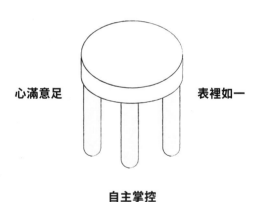

自主掌控

我花了很多年才馴服了自己的「想要的大腦」。當年，那個玩飛行棋輸了就會衝出客廳的小男孩，長大後成了一個嘗到失敗就會傷害自己的年輕人。身為愛丁堡的大學生，我經常和我的好朋友一起打撞球。如果我表現得不好，就會跑去廁所，瞪著鏡子裡的自己，用難聽的字眼臭罵自己並開始甩自己巴掌。「拜託，查特吉，」我會大吼，「你真是個廢物。」我好想好想要贏，而大多時候我的確能夠如願，只是這種勝利的代價是自我厭惡。

　　許多人都是這樣對待自己 —— 長期缺乏對自己的尊重。我們生活的「想要的大腦」世界，告訴我們成功和快樂是同一件事。我們擔心若對自己太仁慈太好，我們就會失去動力、變得軟弱，以致於無法實現我們的夢想。當我們想改變生活方式時，也會犯下同樣的錯誤。每年一月這個許下新年新希望的季節，有上百萬人都會採取嚴厲的剝奪 —— 限制心態，並開始在精神和身體上懲罰自己。是的，嚴格苛刻的策略通常在幾週內是有效的，但這些新年新希望所下的決心通常不持久，因為它們不是出自於愛，而是因為匱乏。

你就是自己最大的敵人

　　我經常想著那些成功徹底改變生活的個案。我說的是那些原先帶著許多身體症狀走進診間的人，這些人透過改變生活，不僅改善了當下的問題，還找回長期的健康和快樂。神奇之處並不是他們特別積極或嚴格地遵循我的建議，僅僅是因為，在這個過程的某個階段，他們開始喜歡上真實的自己而已。他們學習善待自己，而一旦他們開始尊重自己，他們試圖做的改變就不再顯得那麼耗費心力。

　　如果你討厭自己，就不可能獲得長期的健康或快樂。一個真正愛自己的人，不太會做出自我傷害的行為，例如吞下一整包巧克力餅乾或飲酒過量。最新的科學研究也證明了這一點，2020 年一項參考了許多研究人員心血的研究發現，善待自己與身體健康之間存在密切關聯。研究指出，善待自己對於免疫功能、血糖和老化有正面影響。人們也發現，能夠善待自己的人，更有

可能照顧好自己並養成健康的生活習慣。連續七天寫一封疼惜、同理的信給自己的人會更快樂,且效果在三個月後仍然持續。簡而言之,善待自己、健康和快樂之間的關聯是極為強大的。

　　善待自己是將善意、慈悲心、同理心拓展到自己身上的實踐,這是為自己挺身而出、賦予自己減輕痛苦的能力。如果你的摯友或孩子正經歷一段艱難的時期,你不會指責他們不夠好或批判他們的缺點。你會仁慈以對,給他們溫暖、慈悲和理解。可悲的是,我們許多人都無法用同樣的方式對待自己。

如果你討厭自己，就不可能獲
得長久的健康或快樂。

自我對話的科學

　　善待自己始於內心，從我們腦海中聽到的聲音開始。許多人都用很可怕的方式打擊自己，根本是自虐，就像我過去那樣。一整天下來我們會有好多次，用一種絕對不會對朋友、同事甚至陌生人的方式，來對自己說話。每次用這種自我攻擊的方式對自己說話，我們就會成為自己最大的敵人。我們用力踹著核心快樂三腳凳的每一隻腳，我們造就了自己的不開心、失控，讓自己嚴重分裂、表裡不一。

心滿意足　　　　　　　　　　　　　　自主掌控

表裡如一

當我們叫自己廢物或白癡時，很容易會覺得這沒什麼大不了的。畢竟沒有人會聽到，而且這只是很短暫的挫折感，很快就會過去。但千萬不要小看這件事，當我們這樣做的時候，我們就是對自己發動攻擊。身體會以為我們真的面臨危險而有所反應，於是我們的壓力反應系統就啟動了。隨之引發的生物效應，強度不亞於處方藥：像是腎上腺素、去甲腎上腺素和皮質醇的荷爾蒙大量釋放、激增，我們對於周圍發生的事情變得高度戒備和警覺。此時血糖、血壓飆升，消化能力和性慾被抑制，這意味著我們的體重可能會增加，也會有性慾低落的問題。我們給自己開的自我厭惡處方藥是一帖可怕的毒藥。

我們對自己說話的語氣應當像是支持、鼓勵我們的教練：一個完全接納我們現況，但想幫助我們進步的教練。心理學家伊森・克羅斯（Ethan Kross）的研究發現，當我們處於高壓狀態，我們應該像對待孩子、最好的朋友或敬佩的同事一樣跟自己說話。他甚至建議我們使用自己的名字來稱呼自己，這樣做時，我們會在自己和問題之間拉開距離，這讓我們感覺更有掌控力、意志更堅定。這和我學生時期在撞球館所做的，恰好相反。沒錯，我就像個教練一樣對自己喊話——但以一種咄咄

逼人、濫罵的方式。即使我贏了，但內心深處缺乏自我價值，我也無法感到喜悅，只是覺得如釋重負而已。如果最後我輸了，我會感到非常糟糕，然後藉著猛吃甜食、瘋狂喝酒或賭博來填補我在心中撕裂的傷口。

心理學家皮帕・葛蘭琪博士（Pippa Grange）博士是《內在獲勝》（Fear Less）一書的作者，她將這種行為模式稱作「淺層獲勝」（winning shallow）與「深層獲勝」（winning deep），我認為這是一種很棒的思考方式。你會選擇在人生中當個怎樣的贏家？你會選擇和內心真正想成為的自己合而為一，並在獲得勝利後，真心覺得自己很棒？還是你會選擇空虛和自我憎惡的惡報？

若想聽我與心理學家伊森・克羅斯談論關於如何駕馭我們腦中聲音的力量，請到www.drchatterjee.com/173收聽；若想聽我與皮帕・葛蘭琪博士討論關於「深層獲勝」，請到www.drchatterjee.com/126收聽。

寫封情書給自己

給自己寫信，是個練習善待自己的有用做法。有些人一開始會覺得這是一項頗具挑戰的練習，但它真的很值得堅持下去，我一次又一次地見證這蛻變的效果。以下指引有助你開始：

◆ 在日記或白紙上，寫下你欣賞、喜歡自己的哪些特質，以及在面對生活中的許多問題時，你仍努力設法去完成的事情。用仁慈、同理、溫暖和寬恕的語氣來書寫。

◆ 如果覺得進行得不太順利，想像一下你所仰慕的人。想像你理想中父母的樣子，或者學校裡對你有正面影響的老師。現在，想像他們會怎麼形容你，並從這個角度給自己寫一封情書。

◆ 如果你覺得要寫一封信太難了，那就試著寫下你喜歡自己的五項特質。例如，我很誠實，我很善良，我總是會力挺我的朋友等等。

◆寫下來後，你可以嘗試針對每項特質，寫一兩行自
己展現該特質的例子，藉此進一步描述每項特質。

　　我建議定期重複這個練習。我有些個案每天都會這
麼做，但即使只有每週一次，也能產生強大的效果。如
果一開始覺得很難，也請不要被影響心情。你越常做，
它就變得越容易。

你已經夠好了

有沒有人跟你說過你不擅長某事？也許他說你鋼琴彈得超爛，或是數學很差，或指出你不擅長時間管理，並且總是遲到？現實情況是，很少人能在成長過程中，完全沒有因為某件事而遭受批評的經歷，而就在那個時刻，我們內在的批評家就誕生了。我們內化了從別人那裡收到的批評，然後開始用它來對付自己。

在別人有機會批判你之前，你內心的聲音就會先開砲批評了。重要的是，你必須了解這是在童年時期幫助你改變行為、以便適應周遭世界的保護機制。在你小的時候，父母或照顧者對你來說非常重要，你得依靠他們才能獲得安全、保護和生存。父母的要求你會盡力去做，才能融入家庭、不惹爸媽生氣。即使你的父母對你好得不得了，優點多到數不完，有時候他們的行為和言語，還是有可能會讓你解讀成，自己還不夠好。而這種「我們還不夠好」的核心信念導致了成人之後各種麻煩

的特質，例如嫉妒、討好別人、不安全感和完美主義。

　　尊重自己意味著了解這些童年策略的本質，並接受這些策略對現在的我們已經派不上用場的事實。否則，這些策略會一直束縛著我們，讓我們內心焦慮不安，它是我們許多人無法愛自己的最核心原因。當大腦正在發育而我們正學習在這個世界摸索方向時，我們可能沒有感受到無條件的愛；我們可能曾經感受到被忽視、被訓話，冒著被吼、被懲罰的風險；我們可能覺得最原本的自己，沒有好到值得擁有關懷、仁慈和愛，而我們永遠不會停止相信這一點。如果我們覺得自己不夠好，我們（通常是在不知不覺中）就會秉持這種信念為人處世。

　　我們自己破壞了自己的職涯機會和重要人際關係，因為在內心深處，我們認為自己不配擁有它們。這就是「不尊重自己」大大限縮我們快樂的方式。

　　我們越是學習用尊重和慈悲對待自己，就越能提醒大腦，我們本自俱足，已經夠好了。隨之而來的是，內心自我批判的聲音變得更小了，接著，它會一點一點地減弱，最終消失。

個案分析

　　四十八歲的凱瑟琳上臂和腹部疼痛，她容易脹氣，難以入睡。幾位醫生幫她檢查，都沒發現任何異狀，他們找不到病因，覺得很困惑。凱瑟琳身體健康、體態良好，她先前就改善了飲食，養成靜坐冥想的習慣，並開始在每天晚飯後散步，但這些似乎都沒有幫助。

　　當她來找我時，我詢問她關於她生活的更多面向。原來，她的感情一直很不順。她說她總是遇到對她不好的男人，有時，這些對象還是有婦之夫，連續消失好幾個禮拜算是家常便飯，她整個懷疑人生：「為什麼這種事老發生在我身上呀？」

　　在談話過程中，我開始懷疑這種內心深處潛在的模式來自凱瑟琳的童年。她總覺得姐姐得到的關注比她更多，於是她學會接受自己就是得不到那麼多想要的關注。這曾是她的生存策略，但是在成年後她也沒有擺脫

這一點。歸根究底,她的問題在於覺得自己還不夠好。

　　凱瑟琳大約花了十八個月,每週都練習好幾次善待自己,之後終於開始與一個待她很好且年齡相仿的男人,建立了穩定的關係。她告訴我,她這輩子第一次覺得自己和他人平等。在這段關係開始後不久,她的症狀基本上就消失了。

你是癮君子嗎？

　　我們所有人心中都有個洞，生活不順的時候，我們會想要用垃圾快樂來填補。對於一些人來說，甜食是首選；有些人則是購物、電玩、在健身房處罰般狂操猛練，或是吸毒。許多人用工作來填補心中的空洞，他們往往會以同情甚至帶點不屑的態度，對待他們心目中的「癮君子」。但他們沒有意識到自己的癮頭一樣大，只因他們的強迫行為是被社會認同的，因為工作癮對「想要的大腦」世界有益。

　　我想我可以說，我一生中有很多時間都沉迷在工作上，我曾經相信成就會讓我真正快樂。有次我在播客節目訪談十分優秀的嘉柏・麥特（Gabor Maté）博士，他告訴我：「有一部分的你仍然覺得，為了刷存在感，你必須給自己壓力，做超出身體所能承受範圍的事。」他完全說中了。因此，即便我理解那種工作上癮的心態，我也清楚它帶來的問題，這意味著我們對自己的尊

重是建立在外在的成功指標上。這會摧毀我們的核心快樂，因為這代表我們一點自主掌控能力都沒有。如果你是公司執行長，而你的自我價值取決於公司的市值，那麼要是股市崩盤，你的企業倒閉，會發生什麼事？同樣地，如果你所有的自我認同都建立在當個模範父母這件事上，那麼當你的孩子對你尖叫說他們討厭你時，會發生什麼事？通常，我們會再用更多的垃圾快樂來填補。

然而，善待自己有個很棒的地方：它其實會讓人更加成功，它幫助我們打破我們給自己設定的天花板。當我們知道自己是誰並且不再害怕失敗時，我們就會開始過一種沒有自我設限的生活。心理學家發現，那些被教導要用更多慈悲心來看待自己失敗的學生，到頭來學習得更多。跟普羅大眾的看法相反的是，對自己慈悲是與更高——而不是更低——的動機連結：如果我們對自己仁慈友善、對失敗的恐懼減少，我們的表現便會更上一層樓。

此外，我們還能擁抱更多生活中的事物。我在過去幾年研究我的核心快樂時，發現了這一點。以前我只做我擅長的運動，因為我不想讓自己處於可能失敗的情況，那對我來說實在太痛苦了。現在，我跟朋友一起不

管玩什麼都可以玩得很開心。我還是很好勝，但跟以前非常不同，不管是輸是贏，我都知道這跟我的自我價值無關。如果我輸了，也沒關係，因為每個人偶爾都會輸；如果我贏了，我也感受不到以前那種膚淺、虛假的優越感了。我贏了一場比賽，就這樣，不多也不少，單純就是一場比賽，我的勝利並不能反映我是誰。

若想收聽我和嘉柏‧麥特博士關於上癮的對話，請前往 www.drchatterjee.com/37 以及 www.drchatterjee.com/169 收聽。

你對什麼上癮了？

在你的生活中，有什麼令你上癮的人事物？有什麼是你很渴望又無法放棄的，儘管你已經意識到它長期產生的負面後果？你的上癮是否被認為是「OK、無傷大雅」，而且是社會所接受的，所以你就繼續這麼做，即使在內心深處，你心知肚明它對你造成了負面影響？社會上常見的「成癮」包括購物、咖啡因、電玩、酒精、性、毒品、瘋狂追劇看電視或在社群媒體上滑個不停。

真正重要的，是行為背後的意圖。如果我們不產生依賴，而且是不定期、有意識地決定從事這些活動，那麼上述所有行為都完全沒有問題。但是，如果你有種被逼迫的感覺，一定得進行這些活動，並且生活不能沒有它們，那麼很值得反思一下，問問自己，它們在你生活中扮演了什麼角色。

所有的行為都各有各的作用，為了長期改變某種行

為，你必須先了解它為什麼會存在。當你在工作中感到壓力時，咖啡因真的有幫助嗎？還是可以採取不同的行為，例如學習呼吸技巧或在附近街道散步呢？狂看YouTube 影片真的能讓你不去想讓你無法感到滿足的工作嗎？這行為是不是一個跡象，表示你需要審視一下工作在你生活中所扮演的角色，看看是否可以作些改變呢？在社群媒體滑個兩小時真的讓你感到比較不孤單嗎？你能否在實體的線下生活中作出一些改變，以減少孤獨感呢？

反思之後，你可能會意識到你對某個特定行為有種不健康的依戀。這並不代表你一定得放棄它，我單純希望你開始去理解它在你生活中所扮演的角色。讓自己有這樣的覺察，是任何改變的第一步。

當生活感到艱難，要懂得善待自己

對於我們許多人來說，負面的自我對話是我們在第二章提到的微量壓力的另一個巨大來源。當我們經常這樣虐待自己，我們就會把自己推向個人的壓力臨界點。當你發現自己很接近那個臨界點時，一定要採取一些策略來協助自己。可以的話，試著脫離這個狀態，然後花點時間關心自己，好好用心處理這個問題。然而，我們有時候根本離不開這種狀態。即便深陷其中，還是有一些事情是你可以做的，畢竟，尊重自己只是一種心理狀態，如此簡單。無論你身在何處，你都可以直接承認，這些事情就是充滿了壓力和困難，而你正在盡力而為。

克莉絲汀・娜芙（Kristin Neff）教授是善待自己的世界領先權威之一，她為忙碌的醫護人員設計了一個訓練計劃，幫助他們在每個當下善待自己。當他們在工作中感到極度緊繃時，他們被教導要在內心對自己慈悲。重要的是，他們不必在工作時間之外找時間練習。

他們只是學習在當下用不同的方式來體恤自己，比如對自己說：「哇，這真的很困難，我現在有很多事情要做。」結果令人難以置信——他們的壓力和焦慮都減少了，過勞的程度也降低了。

你腦海中的小聲音比你想像的更強大，一旦你學會馴服這小聲音並駕馭它的力量，你的日常生活就會遠離你的壓力臨界點，而且你也會強化核心快樂三腳凳每一隻腳的力量。你會感到更滿足、有更強的自主掌控，並且更容易活在完全表裡如一的狀態。

因此，當生活感到艱難，而你覺得已經快接近壓力臨界點時，試試看執行以下任何一個步驟：

◆ 可以的話，找個安靜的地方坐下，閉上眼睛。現在，想像有個小孩或是你很要好的朋友，也正在處理同樣的狀況，你會怎麼跟他們說話？你會用什麼語氣？你會說些什麼？現在，用完全相同的方式跟自己說話。

◆ 如果你無法暫停片刻並且找到安靜的地方獨處，那麼只要在感到艱難的當下，疼惜自己，對自己說幾句

善良的好話，承認事情真的不容易就好了。

◆你可以透過每天在日記中寫下你喜歡自己的五件事，來建立給自己的好話語錄，以便在壓力山大的時刻派上用場（詳見第84頁）。

◆感到壓力大的時候，無論你是否能找到一個安靜的地方坐下來，先試著把注意力放在自己身體上，仔細覺察。最好方法之一就是專注在呼吸上，試著覺察呼吸時空氣進出身體的感受，如果可以的話，嘗試放慢呼吸。這有助於讓內心平靜下來，並讓自己回到當下，此時便能更容易去善待自己

◆另一種非常有效的減壓技巧，是在腦海中用第三人稱和自己對話。例如，與其說：「我現在有好多困難，掙扎得好辛苦。」我會說：「冉甘現在有好多困難，掙扎得好辛苦。」事實證明，像這樣改變語言，可以拉開你和你的問題之間的距離，進而減輕壓力、慚愧、糾結和焦慮，並提高表現、決策力和慈悲心。

鏡子練習

凝視鏡子裡的自己會讓你的潛意識留下你真的很重要、以及真實的自己被看見和聽見的印象。這是一項強大的練習，有助改變你與自己的關係。現在就開始嘗試，並感受看看吧。

◆用慈悲的目光看著鏡子裡的自己，直視你自己的眼睛，看看能否溫柔地微笑。如果你不確定怎麼開始，想像你的孩子、深愛的伴侶或摯友看著你的方式，他們通常可以看得到你內在特別和美好的地方，而你可能只會專注在自己發現的所有缺點和不完美。

◆做了一段時間之後，試著進一步延伸這個練習：一邊看著鏡子裡的自己，一邊對自己說幾句好話。當你這麼做時，感覺如何呢？然後，試著以關愛看著鏡子裡你身體的每一部分，有沒有讓你覺得難以直視的部分？你感到自我厭惡，討厭自己嗎？試著對自己慈悲一點，然後看看是否能開始接納與關愛那些部分。

◆如果一開始時真的很難凝視自己，你可以先做一些
預備練習。找一個安靜的地方坐下來，撫摸自己的手
臂。自我按摩非常療癒，並且可以觸發與鏡子練習有
相同益處的荷爾蒙反應。

如果這個練習讓你覺得不自在，代表你絕對需要努
力練習對自己慈悲。請儘量保持耐心，只要持續固定練
習，它會變得更容易。你甚至可以試著將此練習加到早
上在浴室的盥洗流程中：刷牙、淋浴，然後進行三十秒
的鏡子練習。這會成為啟動每一天的強大方式。

個案分析

　　幾年前，我開始為五十二歲的潘蜜拉診症。當時她不但超重、整體健康堪憂，且對於無法堅持任何健康習慣感到絕望。她的飲食計劃和新年新希望會維持個幾週，有時甚至幾個月，但最後總是會胖回原先的體重。她想要規律運動的嘗試也落得同樣下場，她曾經購買了線上瑜伽課程，但上了三堂課就放棄了。

　　當她在一個明媚的春天早晨來見我時，我大概明白了問題出在哪裡。我在她走進來的時候說：「真是美好的一天，是不是？」

　　「是啊，但美好會持續多久呢？」她回答道。

　　我要她告訴我，當她原本盡力遵循的健康計劃失敗時，通常會對自己說什麼。「我真的會在腦海中摧毀自己。」她告訴自己她是個失敗的廢柴，無法堅持任何事

情，而且沒有任何方式對她有用。然後，她會狂吃甜食，毫無節制地喝酒，並花好幾個小時線上購物，好讓自己好過一點。第二天，她會在醒來時感到內疚，所以另一個自我憎恨的循環又開始了。

我跟她解釋，她消極的自我對話內容，根本無法讓她持續減重。我請她覺察自己在說任何負面話語的時刻，並嘗試把同一句話用正面的方式表達，我還請她開始每週做五次鏡子練習。她與許多難以善待自己的人一樣，發現這極為困難。於是，她嘗試每天在日記中寫下五種她喜歡自己的特質。幾週後，她已經能夠把這些特質寫下來，並對著鏡子告訴自己。

六週之後，當我再次見到她，潘蜜拉的舉止有了明顯變化，她似乎更開心了。她告訴我生活不再那麼失控，她的言語明顯變得正面，我很清楚，她看起來更快樂了。她跟我說，她已經準備好在飲食和生活上作出小小的改變，而且不再對嚴格和難以持久的健康計劃感興趣了。

時間一久，她的體重開始緩慢且持續下降。距離我第一次見到她之後大約六個月，她好像變了一個人。她

用她自己說是「毫不費力」的方式，減掉很多體重。她
也睡得更好了，固定做瑜伽，並且每天都優先安排自己
的時間。她告訴我，自從童年長大之後，她從來沒有這
麼快樂過。

結論

　　練習善待自己多年後，現在我腦海中聽到的聲音是格外和善親切。我現在知道，我的好勝心源自於覺得自己不夠好，而這又是來自於童年時形成的想法。這些想法在我小時候很有用，它幫助我從周圍的世界中得到我需要的認同。但當我已經長大成人，當了爸爸，它迫使我做超出自己能承受範圍的事，因此一直傷害我，讓我身陷垃圾快樂的毒害深淵。近年來，我已經能夠愛著鏡子裡看到的那個人，而且無論輸贏，我都能覺得自己很棒。這對我的生活產生了很大的影響，是的，我更快樂、更滿足了，我也發現我更能持續投入任何我想改變的生活習慣。

四、讓時間暫停

MAKE TIME STAND STILL

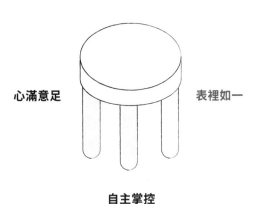

心滿意足   表裡如一

自主掌控

現在是晚上八點半，某個很普通的星期二晚上，廚房已經整理好了，你終於能坐在沙發上，放鬆地吐了長長的一口氣，真是輕鬆多了。現在，你有大約一小時可以休息。你拿起手機看看有什麼通知，有一則姐姐的WhatsApp信息，詢問關於媽媽生日的事，還有Yodel（一間英國快遞公司）傳的簡訊，說有個包裹明天會送達。「沒有問題。」你飛快地回覆姐姐，並請Yodel把包裹放在後門口。放下手機前，你看了看推特（Twitter）、滑一下Instagram，按了一些讚，也沒忘記在堂弟的發文下面留言開個玩笑。這時，你的另一半回來了。你打開電視，花了幾分鐘轉台：英國廣播公司（BBC）、英國獨立電視台（ITV）、網飛、英國第五台（Channel 5）、探索頻道（Discovery）……手機通知響了，是姐姐用WhatsApp回覆了，給她的留言按個讚後，你很快又滑了滑Instagram、臉書，再看看今天頭條新聞是什麼。放下手機的時候，你看了一下時間：竟然已經晚上九點十七分了，時間都跑去哪了？

沒有時間，就沒有快樂

　　「沒有時間」的感覺，像流行病般在成人的生活中蔓延。80％的上班族，不論男女，都覺得自己時間不夠，而在家帶小孩的家長們也有相同的感覺。但這是真的嗎？當我這麼說的時候，人們常常會感到訝異，但研究指出，我們其實比五十年前的人擁有**更多**閒暇時間。若感覺不到這件事，大多是因為與以前相比，現在我們留給自己的時間實在少得可憐。現代科技相當發達，但這些科技也切割了我們的時間、干擾我們的生活。如果回到1970年代，我們會怎麼度過這珍貴的四十七分鐘呢？一邊聽電台節目，一邊沉浸在喜歡的嗜好中；一邊燙衣服，一邊聽著你最喜歡的專輯；又或是，和另一半不受任何打擾，從晚上八點半播的三個節目中挑一個來看。一直到近幾年前，大部分的人每天仍然保有一些時刻，是時間走得沒那麼快、能好好沉浸在當下的。

時間就是生命

對我來說，開始思考「時間的品質」，是我人生真正的轉捩點。當我開始認為時間很珍貴，並且覺得該為自己所擁有的時間而奮鬥時，生活就變得更美好了。說時間是我們所擁有的最珍貴資源，一點也不誇張。畢竟時間最美妙的地方在於，我們和世界上最有錢的人一樣，每天都擁有二十四小時，但大部分時候，我們卻不怎麼珍惜時間，白白浪費掉了。我們漫不經心地虛度光陰，放任時光消逝，什麼也沒留下。這樣想想吧：時間是什麼？時間是生命。如同字面上所說，一個人所擁有的時間，就是他全部的生命。然而，我們每天都「花時間如流水」，浪費掉這無比珍貴的資源。

而這個問題，又被我們所處的「想要的大腦」世界，搞得更加惡化。這個世界要我們崇拜那些時間不夠用的人，普遍認為，忙碌象徵著被需要以及成功的社經地位。更糟的是，從小我們就被灌輸說錢比時間更重

要，於是，我們開心地花掉閒暇時間，想要每一次消費都儘量省錢，在網路上四處搜尋、在不同網站比價，總是想找最划算的價格。但我們從來沒有意識到，這花的其實還是「我們的時間」。你在網路上花三個小時找一台新相機或一雙新鞋子，只為了省下兩英鎊，這真的值得嗎？這樣**真的**有比較划算嗎？依個別狀況，有時候可能真的有，但大部分的時候，是沒有的。

我的意思不是說永遠都不要比價喔，我單純只是想要鼓勵你，不妨用看待銀行存款的方式來看待你的時間。你我看待時間的方法當然不會一樣，因為我們有不同的生活、不同的收入，還有不同的優先順序，這完全沒問題。我們要做的，就是做對自己來說是正確的事情，但我們大多數人從來都沒問過自己，我們的時間有多珍貴。

覺察到我們這輩子是擁有足夠時間的，這對於核心快樂非常重要。光是知道我們的行程中有些空檔，就能讓我們感到滿足、感覺一切都在掌控之中，直接強化了核心快樂三腳凳的兩隻腳。我們已經知道，當上班族花錢買的是時間而不是商品的話，他們會比較快樂。還有人們只要開始更珍惜時間，就能得到結婚所帶來的快樂

的 50%。此外，很重要的是，我們也能在較低收入的族群中看到珍惜時間讓人更快樂的情況。

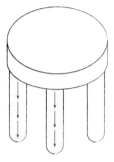

心滿意足

滿足感意味著，坦然平靜地接受自己的人生和所做的決定。

表裡如一

自主掌控

意味著你擁有主導權，且在合理範圍內，沒有任何事情能夠打擊你。

人們常覺得，把時間看得比錢重要，是有錢人專屬的奢侈，但事實並不是這樣的。哈佛大學商學院的艾希莉・威蘭斯（Ashley Whillans）教授，調查了一群肯亞的女性，她們每天的收入大約只有十美元，她們都是全職工作者，家裡有小孩得照顧，辛苦工作還是入不敷出。威蘭斯教授把她們分成兩組：一組可以拿回一些時間，另一組可以獲得額外的錢，不管是時間和金錢，都

和三天份的勞務等值。人們可能會預測說，這些生活窮困的人們得到錢會比得到時間更有幫助。然而，事實是這兩組都變得更快樂、壓力減少，並且在人際關係滿意度也得到相同程度的增長。而且出乎意料的是，被給予更多時間的那個組別，產生了更持久的正面影響。所以，即便是在這樣艱苦窮困的環境裡，把時間看得比錢更重要對快樂還是有正面的影響。

時間越多就越健康

　　那些覺得自己時間不夠用的人，往往壓力更大、生產力更低，也更難快樂起來。他們的生活也常常不太健康，例如會吃比較多高熱量食物、不怎麼運動，也比較容易得到慢性病，同時更容易陷入焦慮和憂鬱。艾希莉·威蘭斯教授發現，「時間貧乏」對心理健康所造成的傷害，跟待業一整年的傷害不相上下。她相信，快樂的秘訣就是要優先考慮時間，而非金錢，一次調整一件事就好。

　　這項研究正好呼應了我持續在個案身上看到的狀態，覺得自己沒有時間的人，往往較不願意投入健康的生活型態，例如運動或自己動手做美食料理。這些人的日常壓力指數也都偏高，所以衍生出許多情緒及賀爾蒙相關問題，導致像是偏頭痛、腸胃不適、焦慮等症狀。時間荒也會對睡眠造成破壞，因為覺得時間不夠，這些人不只變得難以讓腦袋關機進入放鬆模式以幫助入眠，

還會熬夜熬得更兇，因為他們迫切想要「好好放鬆」，所以就靠喝酒，或是無止盡地在社群網站滑呀滑。大部分時候，只要解決了「感覺時間被剝奪」這個上游源頭問題，就能在下游產生大幅改善身體健康的效果。

你的時間就是你的生命。

個案分析

　　五十五歲的提姆是我的個案，他固定來看診的時候，總說自己失眠有多嚴重、多麼焦慮，而且常常都覺得好累，這些都是跟壓力有關的症狀。這對他的親密關係造成了負面影響，更別提他原先就已經因為遲遲無法升遷，而感到相當挫折。

　　他賺得不多，而且總是精打細算，想找到最划算的價格。每一次當他進到我的諮商室，他總會重申，說自己才沒有時間好好關注健康，因為手頭很緊，所以他必須把所有心力都放在金錢上。

　　當我開始檢視他的生活，想知道能夠從哪裡著手幫助他改變的時候，我留意到他每週為了省錢都固定會做兩件事：提姆每週都會開十五分鐘的車到市郊，因為市郊的汽油比較便宜；他也會在不同的時機點前往三間超市，以最划算的價格為家人買些吃的回家。

　　當我們細看這些情況的時候，發現他每週加油時，一公升大約可以省下兩便士，而他加了三十公升的油，所以他一週花了三十分鐘去省六十便士的油錢。而且因為去了三間不同的食品雜貨店，他每週大約可以省下八英鎊，但代價是他得比只去一間店多花兩個小時。

　　我跟他說，其實他每週用了兩個半小時來「賺」這八點六英鎊。同時也要他想想，如果每個星期都多出一百五十分鐘，他會拿來做些什麼呢？在他的人生當中，他第一次思考自己空閒時間的價值。

　　思考過後，提姆發現自己其實是用每天額外的二十五分鐘，讓自己每週省下八點六英鎊。一開始他還是覺得，如果不能省下這些錢，簡直太可惜了，但我們協調過後，決定做一個小實驗。接下來的四週，他會在離家最近的加油站加油，並且每個星期只去一次當地的超市，一次解決所有家裡需要買的東西，而他必須運用這些省下來的時間，做些對健康有益的事。

　　提姆開始用這些多出來的時間，每天出去散步，他也漸漸不會覺得時間不夠了。這不單單是因為省下了時間，不用長途開車、不用去三家店排三次隊也都大大減

輕了他的壓力。這也對他生活的其他方面產生了漣漪效
應，他感覺自己有更多時間陪孩子玩，以及在下班後放
鬆。這件事讓他的心理狀況變得更穩定、睡眠品質變得
更好，同時也讓他和老婆的關係變得更緊密。

之後幾個月裡，他開始把時間擺在第一順位。一年
內，他不只在職場上得到了提拔、減重瘦了一大圈、血
液健康指數大幅改善，而他也變得更快樂了。然而一切
的起點，不過是把那每週省下的八點六英鎊，換成每天
多出的二十五分鐘。

時間 vs 金錢

我想請你審視一下自己的生活，看看在什麼時候你會把錢看得比時間更重要。當然，這個練習會跟你的經濟狀況以及生活的動力相關。在哪些情況下你能夠作出不同的選擇，把時間看得比什麼都更重要呢？

　　這邊有幾個常見的場景，可以幫助你思考：

◆你會不會花好幾個小時在網路上比價，只為了找到最優惠的價格來買下新產品？但你最終到底省下了多少錢呢？你本來可以拿這些時間，做些什麼其他的事情呢？

◆你每週會去超市幾次呢？每次的時間成本是多少？如果你是開車的話，油錢是多少呢？如果改成一個星期只去一次超市，或是用網路訂購並請它們在每週固定時間送來，情況會變成怎樣？這件事會對你的生活品質產生什麼影響呢？

◆你每週會在花多少錢在外面喝咖啡呢？除了咖啡本身的錢之外，記得也要把到達咖啡廳所花的時間考慮進去。如果買一台咖啡機放在家裡，會不會是個更好的方式呢？當然啦，去咖啡廳還是有其他好處，例如可以跟其他人交流互動之類的。這只是讓你評估看看，如果今天採取不同的選擇，生活會不會變得更好？幾個月後你可能會發現，幸虧有這台咖啡機，你不但省下時間，還省下了錢。再來想想，你可以怎麼利用這些多出的時間呢？這樣對你來說，是不是很值得呢？

◆準備要度假的時候，你會自己處理所有的預定嗎？包括機票、旅館、租車、交通等等。如果請旅行社代勞的話，實際會多花多少錢呢？如果多花一點點錢可以大大減低你的壓力，會不會比較值得呢？

◆你有沒有辦法撥出一點收入，請人來幫忙家務，例如打掃、帶孩子之類的？這額外多出的時間會為生活帶來什麼影響呢？

◆你會不會其實很享受自己烹煮新鮮又健康的餐點，只是老覺得採購食材、找對的食譜很花時間，而且讓

你很有壓力？也許可以試試食材宅配服務，它們可提供份量剛好、預先切好的新鮮食材，還會附上一張簡易操作的食譜卡。即使可能會多花你一點錢，但相信這會讓你省下更多時間，更能享受自煮時光。

只要開始覺察到這件事，漸漸地，要把時間看得比錢更重要，就變得容易多了。只要在經濟允許的範圍內調整，我們就會覺得壓力變少、人際關係更好，整體來說也會變得更快樂。

時間的流動性

　　好消息是，我們可以創造一種擁有更多時間的感覺，即便我們的時間沒那麼多。當然，一天還是二十四小時，就像一小時仍是六十分鐘一樣，沒有人可以改變這個事實，但同樣的一個小時，花在枯等油漆乾，跟花在跟摯友見面相聚，感受絕對天差地別。關於時間這件事，我們的心絕對有力量可以掌控，真實不虛。我們對時間的感受會改變時間的真實樣貌，我們可以控制、並且藉著讓時間靜止，來感受時間充裕的感覺。

　　首先，要確保我們是有意識地運用時間。與其讓自己的時間在不知不覺中流逝，我們可以珍惜、看重時間，規劃好行程並捍衛自己的時間，然後試著延伸它，從一樣的六十分鐘內感受到更多的時間。我最愛的方法之一，就是透過撞球，來把同樣的時間變多。當然啦，我喜歡跟我的孩子玩，但我也很愛自己一個人打撞球。獨自一個人的時候，我不需要取悅任何人，也不需要向

誰炫耀，所以在結束後我也不會上社群網站貼文，會做
這件事單純只是因為它帶給我純粹的快樂。我對它深深
著迷，我喜歡球撞在一起的聲音，我喜歡思考擊球的角
度，母球不同的擊球點，產生的旋轉效果也不同。我可
能一打就是十分鐘，或是一個小時，但我根本不知道時
間過了多久，因為我完全沉浸在撞球之中。時間彷彿停
止流逝，但更像是完全消失了一般。腦袋全神貫注，裡
面完全沒有工作、沒有家庭，也沒在想我的人生。

進入心流

　　所以我在打撞球的時候，到底發生了什麼事，怎麼會感覺好像時間消失了呢？其實，我是進入到了一種神奇的心理狀態，叫做「心流」（flow state）。「心流」這個詞是已故心理學教授米哈里・契克森米哈伊（Mihaly Csikszentmihalyi）創造的，他的研究顯示，若人們越常體驗到這個狀態，他們對於幸福的感受和生活的滿足度也會隨之提高。心流可以提高人們500%的生產力、600%的創造力、增強人們的思考能力，以及減少高達一半的學習時間。如果上述這些對你來說還不夠厲害，心流甚至可以讓我們更有同理心。

　　當我們處在心流狀態，我們就是純粹活在那個當下，而非沉思過去或是糾結未來的種種。如契克森米哈伊說的：「談到有關心流的體驗時，大家最常提到的面向是，身處心流之中，生活中所有的不愉快都能夠暫時忘卻。」這能同時增強核心快樂三腳凳的三隻腳，當我

們進入心流的時候，我們會覺得心滿意足，彷彿能完全掌握這個世界，並且內在與外在合一：我們的想法和行動都是一致的。我們如此全心投入眼前的事情，彷彿脫離軀殼，靈魂出竅了。

聽起來是不是很像在吸毒？好吧，這話可能也不能算錯。也許你沒發現，但人的大腦其實就像個化學工廠。毒品能讓人們爽到翻的其中一個原因，就是因為它們可以大量釋放、模仿我們腦中的化學物質。當我們處在心流狀態，大腦就會釋放多種能夠產生愉悅感的化學物質。於是，至少五種強大的腦神經化學物質便會開始激增：首先是有「犒賞激素」之稱的多巴胺；以及幫助我們專注、感受刺激的正腎上腺素；再來是能夠降低疼痛及壓力、同時提升創造力的大麻素；以及腦內啡，它有點像是身體自製的海洛因，能夠減低壓力和痛苦；最後是血清素，它能在心流狀態要結束時，幫助我們平靜下來。難怪科學家們總認為心流是最讓人上癮的自然感受了。

最能激發這些愉悅的化學物質並進入心流的方式，就是嘗試學習或精通一項你所熱愛的事物。當我試著學習新的撞球技巧，或是練習吉他曲子的新彈奏方法時，

我就會進入到最深的心流狀態。這項任務的挑戰度，應
該要比你目前的能力範圍稍微再高一點點。如果要學
習、精通的事物太簡單，你很快就會覺得無聊、開始神
遊；但如果太難，你會覺得很挫折。研究指出，對大部
分的人來說，任務的難度最好只比我們現在的能力多出
大約4%。當然我沒有要你去精準計算4%是多少，你
只要把這當成一個方向。當我們找到了那個甜蜜點，我
們就會進入所謂的「心流頻率」（flow channel）中。

　　心理學家指出，心流有六個核心要素：

1・完全專注於眼前的事，想法和行動完全合一。

2・對於自我的感知變得較弱，自我意識平靜下來。

3・對於時間的感受改變了。

4・焦慮和糾結的感覺也不見了。

5・自主掌控感提升，因為我們可以從眼前的任務
中，獲得即時的回饋，這有助於我們全神貫注進入心
流狀態。

6・這個任務本身會變成一個令人相當愉快的體驗。

如果想聽更多關於心流的好處以及更容易進入心流的方式,你可以聽我和心流專家史蒂芬・科特勒（Steven Kotler）的播客對談:www.drchatterjee.com/189。

心流隨著專注而來

　　我的朋友、慢跑教練海倫・霍爾（Helen Hall）嘗試學習新技巧的時候都會進入心流狀態，例如在跑步時，巧妙地改變骨盆的位置來帶動身體。她想要變得更加純熟，而這種「高度專注」也幫助她更容易進入心流。像海倫這樣能一直在工作中進入心流的人，是非常幸運的。我們很多人也一樣，尤其是創意相關產業的人，例如建築師、作家以及畫家。我自己的話，會在兩個情況下進入心流狀態：一個是和我十分敬佩的人錄製長播客節目，另一個則是在我寫作的時候。如果你的工作沒辦法讓你進入心流狀態，也沒關係，只要在自己的時間找到其他進入心流的方式即可。

　　這類型的活動往往很需要創造力、經常和建造事物有關。家具職人蓋瑞・羅戈斯基（Gary Rogowski）寫道：「人們有拿工具製作物品的需求，我們藉此感到更完整。很久很久以前，我們是藉由動手做來學習思

考，而不是透過思考來學習動手。」能夠創造，代表我們身為人類，但我們投入的工作常常無法產生看得見、摸得到的具體成果。也許你覺得自己不怎麼有創意，但我不相信這世界上有人完全不具創造力。想一下，你可以創造些什麼呢？你會組裝架子、油漆房間、寫詩、寫故事或是寫首歌嗎？記住，你沒有要跟任何人比賽，這和野心也沒有關係，這是關於啟動你的專注力，然後進入心流。

找到自己的心流狀態

要進入心流狀態，方法有無限多種，我希望你可以找一些適合你目前生活狀態的方法。如果不確定怎麼開始，可以想想你小時候喜歡的事情：可能是彈鋼琴、畫圖，或是玩樂高。別因為這些嗜好在別人看來可能很幼稚，而感到彆扭。玩樂對健康和幸福來說也很重要，但我們長大後經常忘了這一點。找一些可以讓自己完全沉浸其中的活動、可以盡情享受、接受它帶來的挑戰，如此一來，時間就會開始靜止。

這邊有些其他人進入心流狀態的例子，供你參考：

◆ 學習花式技巧的撞球手

◆ 發想新商標的平面設計師

◆ 思考如何用新方式來傳達想法的老師

◆ 和比自己厲害一點點的人打場網球

◆嘗試破解一個魔術方塊

◆突然文思泉湧的作家

◆靈感豐沛的音樂家

◆正在創作工法複雜料理的廚師

◆正在挑戰下坡路段的登山腳踏車手

◆在森林裡跨越許多障礙的跑者

◆試著在工作小屋裡搭建置物架的 DIY 愛好者

　　如果真的想不到自己能做些什麼來進入心流狀態，何不試著加入社團，或定期和朋友一起安排做些活動？我認識一個男生，他以前超愛和他的哥們一起玩 Xbox。現在因為遊戲都線上化了，他很懷念以前那些互動、玩笑、閒聊，還有那隨著遊戲建立起的戰友情誼。他決定問問三個好朋友，要不要固定每週找個晚上見面聚在一起玩，不用說也知道，他們現在都變得比較快樂了，就是因為有固定的時間和朋友敘敘舊並且享受

心流狀態。

　　讓自己每週有一到兩次的機會進入心流狀態吧！心流狀態是我們最能感受到自己活著的時刻。固定進入心流狀態可以幫助我們度過生活中繁忙的時刻，讓自己不那麼精疲力盡，也更能感受生活中的喜悅。

結論

　　常常覺得「時間不夠」其實會損壞我們的核心快樂和健康，但即便是最忙碌的人，也能改變對於時間的體驗與感受，讓自己感覺似乎擁有更多的時間。簡單來說，只要找到我們打從內心真正熱愛、可以全神貫注的事情就行了。即便一週兩次、每次只有二十分鐘，都能產生很大的改變。那麼，你會怎麼做呢？你會怎麼安排一點點時間來做自己喜愛的事情，來改變你的生活呢？

五、來點摩擦吧

SEEK OUT FRICTION

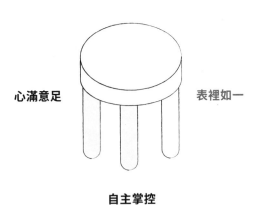

心滿意足   表裡如一

自主掌控

我們長期認為快樂的人生就是事事順心，一切皆如我所願。如果我們最終的目標是要變得快樂，那麼一個沒有壓力、沒有緊張、沒有摩擦的生活，就是我們要追求的嗎？不過呀，這個目標不太可能實現。或許我們偶爾能享受短暫的歲月靜好，但現實人生中的挑戰總是一而再、再而三地出現。就算練習得再多、計劃得再好，都沒辦法防止新的問題像雜草般，不斷在你用心經營的人生中出現。

　　為了強化核心快樂，我們可以設法將這些問題變成助力，而非阻力，其中，我發現有一種問題特別適合用來創造快樂。因為人類本來就是高度社交的動物，許多我們每天遇到的大小事，都無可避免跟其他人有關。我們每個人都活在人際關係網裡頭，由家人、同事，或是社區裡的人交織而成。伴隨這簡單事實而來的，就是躲不過的考驗。不用我告訴你也知道，人（包含我們喔）有多麼複雜、多麼難以預測。很多時候，和其他人相處也可能會讓我們生氣、挫折和失望，但假如我們換個角度來看同樣的情況，這些人際關係上的摩擦其實可以成為我們力量的主要泉源。

社交健身房

　　快樂跟肌肉是一樣的，當我們持續進行阻力訓練，肌肉就會變大；同理，當我們一直給自己的人際關係刺激，核心快樂就會更強韌，但這只有在我們用特定的方法，來處理關係之間的緊張時才會發生。我所謂的特定方法，就是把人類社會視為一個社交健身房，意思是找尋那些會產生摩擦的時刻，並利用它們來檢視自己。要是有人講了讓我很不舒服的話，當下我有兩個選擇：我可以感到很挫敗、很激動，讓自己扮演受害者的角色，然後開始在內心碎念，這人怎麼這麼沒家教、不得體，多麼的不應該，怎麼可以這麼做，如果不是他們這樣，我才不會這麼慘呢，大部分的人都會這樣反應；但其實還有另一個選擇呀，我們可以從這衝突摩擦中學習，來問問自己：「為什麼這句話會讓我不爽？」、「是我心裡頭的什麼，讓我有這樣的反應？」

　　這麼做的話，我們就能夠奪回對生活的掌控權，也

會感到更滿足，同時強化了核心快樂三腳凳的兩隻腳。
這樣我們就不再需要依賴別人，不需要別人用特定的方
式對待自己才能感到快樂。把世界當成社交健身房後，
我們每天都會有很多機會讓自己變得更強壯。這個練習
我已經做了三年左右了，說我現在跟銅牆鐵壁一樣堅
強，根本是防彈等級的，可是一點都沒有誇大。像以
前，如果有人在社群網站上對我發表負面評論，我就會
很受傷，但現在我把這些留言也當成是一種學習的機
會，讓我更認識自己是誰。

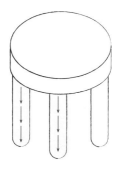

心滿意足

滿足感意味著，坦然平靜
地接受自己的人生和所做
的決定。

表裡如一

自主掌控

意味著你擁有主導權，
且在合理範圍內，沒有
任何事情能夠打擊你。

　　如果你夠快樂、夠有安全感，其他人說什麼都不會輕易影響到你；如果你能定期以冷靜的方式，分析他人的批評，那麼中立、公道的批評便不會擊垮你。這些批評只會讓你反思，或許讓你修正一些想法或行動。那麼如果是不客觀的批評呢？輕鬆地快快滑過去就好啦！讚美也是一樣。冷靜、定期分析自己在人際關係上的摩擦，我們就能清楚知道自己是誰，那麼就不會把這些阿諛諂媚的話放在心上，也不會影響我們的思維模式。

　　只要可以用健康的心態面對，說真的，就算我今天跟他人產生了很多摩擦，我也不在意。它對我來說就是免費的治療，酸民都是帶著禮物來的。

　　若你很依賴別人用某種固定的方式與你來往，你就成了他們的俘虜。一再面對摩擦能讓你主宰自己的快樂，當你把這些摩擦當成老師，一次又一次地練習，你就會開始改變了，你比較不會過度反應，也會對自己更滿意。人際關係中本來會大大影響情緒的時刻，現在對你起不了半點作用，你已經能夠在衝突事件和你的反應之間拉出緩衝的安全距離了。當下要做到真的很難，而且也很需要練習，但六個月後你一定會完全蛻變。

把每個人都看作英雄

　　心理學家伊蒂特・伊格（Edith Eger）博士比大多
數人都更清楚要怎麼處理生活中的摩擦與衝突。她青少
年時期住在納粹佔領的東歐一帶，當時她和父母一起被
送進奧斯威辛集中營。抵達集中營的當天，她的父母就
在毒氣室裡身亡，但伊蒂特活下來了。幸運女神眷顧，
1945年時，有個美國士兵恰巧在成堆的屍體中看到伊
蒂特抽蓄的手，便把她救了出來。她來到我的播客節目
時，已經九十三歲了。回首這段過往，她打從心底原諒
了，這寬恕的精神十分驚人和強大。她說，在集中營的
時候，她從來不把自己想成是納粹的俘虜，她反而會在
心裡用不同角度看事情，這些守衛才更像囚犯。在伊蒂
特的想像中，她是自由的。她告訴我：「唯一能困住你
的最大監獄，是你自己在心中打造出來的。」

　　我每天都想著她說的這些話。就像伊蒂特在地獄般
的奧斯威辛集中營所做的一樣，我們也可以主動改變自

己看世界的方式。只要我們想，就可以把人生講得很悲慘，例如說「我就是個受害者」，也可以說「我每次都會遇到這種事」，然後把所有失敗都怪在別人身上。但我們也可以有意識地換個角度思考，改寫故事，我們可以走到事實的另一面，用全新、更正向的角度看待它。

我從這段和伊蒂特的談話中學到，當我們把自己看成受害者的時候，我們就變成了自己的加害者。當然，我的用意不是要粉飾太平，假裝沒事。有時候生活中發生的事情真的就這麼煎熬，也很難不認為自己不是受害者。然而，即使是自己的錯，許多人還是傾向把自己看作受害者，因為這是人類的天性，每個人多多少少都會用這樣的方式，來擺脫困境。但受害者心態對心理健康有很大的傷害，它會讓我們對這個世界感到更不滿、覺得一切都不在自己的掌控中，進而減損我們的核心快樂。不過當我們開始改寫內心的故事，有意識地把自己抽離受害者的角色時，我們就找回了力量。我們會變得更積極、更有自信，也會感覺對生活更有把握。

有個超級有效的技巧，有助改寫內心的故事，那就是，將生活中那些讓我們不開心的人，都在故事中變成英雄。不曉得你還記不記得，在 2020 年 COVID-19 疫

情剛開始的時候，全國到處都買不到衛生紙。當時，人們已經很習慣跑到超市，但是貨架上一包衛生紙也沒有，結果回家後卻在新聞上看到有些人買到了好幾輛推車的衛生紙，正往自己車上堆。這時，把這些囤積衛生紙的人想成是大壞蛋，而我們是受害者，是世界上最簡單的事。

但我們也可以嘗試從事情的另一面來看，也許他們是在護理之家工作？也許他們得照顧家中大小便失禁的爺爺奶奶？又或者，他們是想要在 eBay 上轉售，賺取利潤也說不定。這樣想的話，你還是覺得他們很自私嗎？會不會他們真的手頭很緊，在他們心目中，這是個可以賺些錢填飽家人肚子的大好機會？或其實，根本也不是他們把架上的衛生紙掃空，而是剛好因為有很多人都覺得「不然我再多拿一包好了，以防萬一」，所以才會搞到貨架上一包也不剩。

重點在於，當討論的重點是我們的快樂，那故事是不是真的一點都不重要，真正重要的是，我們的感受如何。人生中一定會遇到很多無力改變的狀況，但我們**可以**改變自己面對事情的反應，什麼是真的，我們自己說了算。把這些人想成英雄，我們也獲得了真正的勝利，

我們會變得更友善冷靜、少些批判、更好相處——當然，也更加快樂了。

選擇你想聽的故事

　　人們常常落入一個陷阱，我們常會對於自己所看到的太過自信，卻忘記其實我們單一狹小的眼界，並不足以構成事實。心理學家已經花了好多年來研究這些效應，他們在一個實驗裡，觀察兩隊粉絲對於同一場足球賽影片的反應。他們都看了影片，也都被問了球賽的狀況，但他們的答案天差地遠，這就是我們的日常。當一對夫妻爭吵的時候，兩邊對於發生的事情都有自己版本的看法，他們倆都只講自己的故事，而且都認為自己才知道事情的「真相」。兩者都是他們各自認定的真相，但哪一個「真相」才是真相呢？其實兩個都不是。這些事件中唯一的事實，就是人們總是很主觀。我們都會創造自己想要的事實，既然如此，為什麼不選一個讓自己會快樂點的版本呢？

　　若你對於重新詮釋世界來改變生活，還抱著懷疑，不妨想想約翰・麥阿沃伊（John McAvoy）的例子

吧。從小他在成堆的罪犯中長大，後來也變成了一個武裝搶匪。他於 2005 年劫持載有十萬英鎊的運鈔車，最終計劃告吹，他仍因此入獄。服刑期間，他看到一部警察在荷蘭追犯人的影片，而他一位最好的朋友也在那裡遭到殺害。他過去總是說自己是這個制度下的受害者，但這也讓他重新思考，這真的是事實嗎？於是他下定決心要改過自新，為自己搶劫、給無辜的銀行行員帶來創傷等罪行負起責任。在接受自己到目前為止的生活，其實是建立在謊言之上以後，他開始為自己說出不一樣的人生故事，也因此給了自己力量。當時他不只過重，人又在監獄服無期徒刑，但他還是決定要踏入划船的世界。這改變了他的人生，他在服刑期間，總共打破了十項划船紀錄，包括三項世界紀錄、七項英國本土紀錄。出獄後的他，現在是世界知名的鐵人三項運動員，為全球無數人帶來希望。後來，他持續為囚犯及孩子們演講，希望能激勵他們過上更好的生活。這一切的開始，不過就是有意識地告訴自己新的故事，不再把自己看成受害者，你也可以做得到。

來社交健身房練習面對摩擦

請你試著每天分析自己在生活中遇到的摩擦、衝突、不愉快，連續做一個禮拜，每次練習大概五到十分鐘就好。所謂熟能生巧，這會是當你面對生活中躲不掉的挑戰時，能讓自己換位思考的小練習。

一週結束後，花一些時間想想，這項練習帶給你什麼感覺。你有覺得心情比較穩定、比較能掌控生活中的事情、或比較滿足嗎？你有睡得比較好嗎？還是沒那麼焦慮了呢？

當然，只要你願意，你可以每天繼續堅持下去。每次發現自己因為他人而變得不快樂時，我誠心建議你回來做這項練習，鍛鍊視角轉換。當你規律地在社交健身房鍛鍊，生活會明顯變得容易許多。

◆我今天什麼時候被刺激到了？這可能是某個你感到挫折、生氣、煩躁或失落的時刻，或是當你掉入批評他人的陷阱時。

◆為什麼會這樣？是因為你昨晚沒有睡好，所以情緒起伏比較大？還是因為這件事讓你想起過去發生的什麼事情，讓你覺得很沒有安全感呢？

◆它在你心中產生了什麼情緒？可以的話，把這些情緒寫下來吧！

◆感受一下是身體的哪個部位接收到這個情緒，看看你能不能深呼吸，想像把空氣帶到那個部位，來幫助舒緩緊繃的感覺。

◆想一想自己從這次摩擦裡學到什麼，或是把這些想法寫下來也可以。像是「當時我沒睡好，所以才會那麼情緒化」，或是「當時的情況放大了我對於自己的不安全感，其實這件事從頭到尾都和他人無關，問題是在於我自己」。

◆現在，為同樣的情境寫一個快樂版的故事，但是要改變敘事的視角，來帶給你掌控當下情況的感覺。這裡有個小訣竅，那就是把你在想的那個人想像成某種英雄。

◆試著用一點慈悲心，同理他們的處境。要明白，他們很可能也是在把自己的壓力和不安全感發洩到你身上。事實上，他們這些行為都不是針對你，你也沒辦法改變他們。況且若你要等到別人改變你才會開心，那可能要等到天荒地老。

衝突帶來慈悲

　　在播客上和約翰‧麥阿沃伊聊了三個小時後，我不禁想，如果我的童年和他一樣，我大概最後也會去坐牢吧。這也讓我反思，我們究竟有多常批評他人的各種人生決定？我們會反射性地想著「天哪！他怎麼會做這種事！」或是「他也太瞎了吧！笨耶！」，這種思維模式的問題在於，我們對世界的理解多少都是偏頗的，而且都只從自己的角度來看事情。我們通常不曉得我們受環境影響有多深，如果你長大的過程中沒什麼機會、沒什麼錢，那你的價值觀當然會和那些從小含著金湯匙長大、在私立學校受教育的人們不一樣；如果你的父母在遇到不愉快的事情時，脫口而出的是類似「我怎麼永遠都這麼衰，每次都這樣」或是「這些人實在太糟糕了」等帶有受害者心態的話語，那你常有類似的反應，其實就一點也不奇怪。

　　若能理解每個人都是由過去的人際關係和經驗累積

產生的複雜結果，就能幫助我們建立起同理心與慈悲心。這也會讓我們感覺生活更能夠預料，因為我們已經知道為什麼某些人會有不一樣的觀點，這也有助於強化核心快樂三腳凳裡的「自主掌控」。

其實每個人都是依著自己的成長環境、能力、生命處境，來作當下最好的決定，這個覺察，成了我人生的轉捩點，讓我感受到許多不同層次的快樂。我和作家兼演說家彼得・克朗（Peter Crone）在播客上震撼人心的對談，讓我更深刻地理解了這一點。若你變成那個人，有著他的童年、他的父母、以及完全相同的生命經歷，你十之八九會作出**完全**一樣的決定。不過，我們的「自我」（ego）才不相信這話呢，我們會跟自己說，如果我是他們，我一定不會做出一樣的事情，因為我們人品更高尚、更聰明，也更善良。但這就只是「自我」的想像，因為這怎麼可能是真的呢？如果**真有**其他方法，他們當然會作出更好的決定。了解到這件事讓我的心靈變得更穩定，也開始對人生有不同的觀點，這讓我更容易慈悲為懷，去同理生命中遇見的每個人。

選擇那個會讓你快樂的故事，
而不是另一個把自己困住的版本吧。

如果想聽聽約翰・麥阿沃伊的故事有多麼激勵人心，還有我跟他在播客上都
聊了些什麼，請到www.drchatterjee.com/91；如果想知道要怎麼改變自己
內心編的故事，非常建議你聆聽我與人類潛能權威 —— 彼得・克朗在播客上
的對談：www.drchatterjee.com/petercrone。

如何減少批判？

有時我們對其他人充滿了批判，大部分情況，其實是因為我們感覺自己無能為力、覺得自己不夠好所造成的；有些情況呢，則是因為我們嫉妒，而這來自於恐懼，擔心自己真實的樣子不值得被愛。我們會藉由看輕他人，來讓自己覺得好過點。

　　但這效果只是短期的，就像我們會藉由很多壞習慣讓自己快樂一樣，只是長期來看，批評他人對於核心快樂是相當有害的。它會狠狠破壞核心快樂三腳凳的每一隻腳，你會覺得無力掌控一切、對生活不滿、表裡不一。畢竟，其實沒有人喜歡去看輕別人，緊抓著心中對他人的批評會讓你相信他們就是這樣的人，對他人的評判，反而會像酸一樣，腐蝕你的內心，快樂就這麼一點一點地慢慢消失。

　　下一次你發現自己又因為其他人做了什麼、做得好不好而開始批評時，不妨試著把他們想成是英雄吧！

試著問自己下列問題或許會有幫助：

◆我現在對這個人的看法真的正確嗎？

◆為什麼這個情況讓我這麼困擾？

◆如果換個角度去看這件事，我會覺得如何？

◆我為什麼無法把他們想像成英雄，無法選擇那個賦
予我力量、而不是困住自己的故事版本呢？

你能在心中寫下一個合理化他們所作所為的故事
嗎？也許你可以想想他們的成長過程以及過去人生中曾
面臨的壓力，也許他們正在經歷一段難熬的時期。有沒
有可能，其實他們或他們身邊的人正在和疾病奮鬥，因
而影響到他們所表現出的樣子呢？他們是不是其實很擔
心自己的未來，因為他們的工作快要不保了？或是他們
家有嬰幼兒，一個晚上要起來很多次，搞得他們累得要
命、情緒當然也比較敏感？

他們的情況究竟是怎樣，其實對你快不快樂一點都
不重要，重要的是你選擇怎麼跟自己說。別選那個把自

己變成受害者的版本呀，要選擇給你力量、幫助你保持
冷靜、掌控狀況的版本。

　　久而久之，這個練習會讓你越來越少批評他人，也
會讓你變得更加慈悲、富有同情心、寬恕他人。而且我
能保證，這對於提升核心快樂的成效非凡，因為我也已
經親身體驗過了。

冒點吵架的風險吧

當我第一次看到自我認知清單（詳見第47頁）時，我才發現「正直」對我來說真的超級重要。為了讓自己表裡如一，並強化核心快樂，我得一直一直練習。好幾年前，我受邀出席一場八月的線上會議，當時我真的被工作業務壓得喘不過氣，身心俱疲，而且在收到新工作邀約前兩週，我才剛答應自己在這個夏天結束前，不再接任何工作了。我之所以還會考慮接下這項工作，純粹因為我很喜歡這個主辦人，而且我不想讓她失望。

要說一個善意的謊言一點也不難，我可以說自己已經有安排其他計劃了。過去的我絕對會用這種不傷感情的方式來婉拒，但現在的我不一樣了，因為我知道心裡有著怎樣的一把尺，我可以預測事後會因此感到多麼愧疚。就算只是一瞬間的不誠實，都會破壞表裡如一的信念，同時那不安的感覺會一直跟著我，因為我竟然對一個自己這麼喜歡的人說謊。相反，即使可能會造成一點

不愉快，我還是決定冒這個險。用訊息或郵件回覆她會讓我輕鬆得多，但我選擇直接用電話聯繫該負責人，我跟她說：「我真的很想幫妳，可是我已經決定九月前不再接任何工作了，因為目前手上還有不少專案要完成，完成之後也我想多花點時間陪陪老婆和小孩。」

在告訴她實情之前，我還有點擔心她之後會不把我當一回事——算是過去喜歡討好他人的歲月給我留下的後遺症。結果出乎我意料之外，她完全理解我的決定並欣然接受，這讓我鬆了一口氣。這件事也讓我了解到，你越是能承受製造摩擦或不愉快的風險去說明事實，你越能達到表裡如一的境界。當然，像這樣的人際互動可能會讓你在短時間內非常焦慮，但長期來看，它帶來的結果絕對值得，而且只要你練習越多，就會越簡單。

去找一些生活中的摩擦，擺平不愉快吧！

這絕對會讓你主宰自己的快樂！

個案分析

　　布萊恩是我的個案，他是家裡的獨生子。他在四十七歲的時候，開始照顧年邁的母親。布萊恩已婚，家中有兩個小孩，他總是有一大堆事情等著要處理。身為家中男主人的責任、工作上的責任、還有身為獨子的責任，一點一點累積起來，他的壓力越來越大、變得容易生氣，這也影響到他的睡眠品質和婚姻。他會來找我，也是因為這是他長那麼大以來，第一次發生偏頭痛。

　　有件事讓布萊恩特別反感，就是他母親會突如其來叫他過去，但只是要他做一些瑣碎小事，像是用微波爐加熱晚餐、找一下遙控器，或是找一片弄丟的拼圖等等。他有時候會這樣告訴自己：「如果她愛我的話，她就不會這樣做。」他不斷對自己重播這個劇情，讓自己相信事實就是如此，媽媽根本一點都不關心自己。他因此變得更焦慮、更疲憊。

　　我試著讓布萊恩藉著這些人際間的摩擦來了解自己。我很清楚，他之所以會感到挫折，是因為他沒有能力設立好人際的界線。

　　我們聊過之後，他就平心靜氣地和他的母親解釋，如果她能先寫好每件要做的事情，這樣他來的時候就可以一次把這些事都完成。出乎他意料的是，他母親也覺得這是個好主意。她從來沒想要讓自己的兒子壓力這麼大，她只是從沒有想到可以這麼做。

　　更進一步幫助到布萊恩的是這句話：「如果你是她，你也會跟她做一樣的事。」我要他試著想像，他母親的生活是什麼樣子。她行動不便、處處需要依賴他人，而且丈夫好幾年前就已經過世了。她自己一個人住，其實也會覺得害怕。她之所以會有這樣的表現，並不是因為不愛他，而是因為她很害怕。當他開始這樣想的時候，他的肢體語言明顯改變了，他的肩膀垂下，一臉若有所思的樣子，也透露著一點憂傷。

　　幾個月之後，布萊恩因為每天練習處理一些不舒服的人際摩擦，漸漸能夠客觀看待問題，而不再感情用事。他開始試著去認清，過去在工作上或是婚姻中，那

些沒有畫好人我界線的時刻。這讓布萊恩脫胎換骨，現在他能夠更直接地表達自己的不愉快，並且能冷靜與人們協商解決辦法。他的偏頭痛就這麼不見了，壓力也不像以前那麼大，現在的布萊恩更能掌握自己的生活，也感到更表裡如一了。

如何面對批評

批評是常見的人際摩擦來源，不管是我們被批評，或是覺得自己被批評，都會大大影響我們的感受。如果我們沒有花點時間來處理這些情緒，或換位思考，就可能會對工作、專注力或人際關係造成不良影響。

下次你遭到批評的時候，試試看以下幾個方法吧：

◆問問自己，對於這個批評的感受如何？這個批評勾起了你的什麼情緒？是覺得難過、憎惡、挫折，還是憤怒呢？不管是哪個，它們都是你真實的感受，重要的是對自己誠實就好，並且要花點時間用心認清自己當下的感受。

◆如果時間允許，也有適合場地的話，推薦你深呼吸個幾次。記得吐氣的時間要比吸氣來得長，這樣才能讓神經系統穩定下來，你就能更有效地評估這個狀況。舉例來說，你可以在吸氣的時候數個兩拍，吐氣的時候數個四拍，只要找到自己的步調就好。

◆現在問問自己，為什麼你會因為這個批評而感到不勝其擾？請儘量誠實回答。

◆試著去感受這個情緒積累在身體哪個地方，有些人會覺得胃部有許多焦慮，或是背上、脖子上充滿壓力。如果你可以知道這些情緒堆積在哪裡的話，花幾分鐘好好專注在呼吸上吧！試著有意識地將呼吸帶到情緒所在之處，看看你有沒有辦法讓這樣的情緒消失或減輕。一開始覺得做不到也沒關係，透過練習之後就會變得簡單許多。

◆有些人發現，將這個過程想成「批評濾茶器」非常有幫助。簡單來說，就是把收到的批評跟泡茶一樣去進行過濾。過濾掉這些因為情緒而起的反應（茶葉），只留下評論（茶）。這樣一來，你就能冷靜、不帶負面情緒地檢視批評。

◆現在，冷靜想想人家說了什麼吧，裡面有沒有什麼是事實呢？

◆如果是事實，千萬記得這是學習的大好機會！剛好可以趁機想想自己該怎麼做，以後才不會再招致一樣

的批評呢？

◆如果經過誠實的評估，還是不覺得那個批評有任何道理，那就試著從另一個角度來看吧。為什麼這個人要作出這樣有失公允的評論呢？是因為他的生活壓力太大了嗎？還是因為他對自己沒有安全感而嫉妒你的成功？還是覺得你的成功會威脅到他自己的機會呢？請儘量去理解背後可能的原因吧。當然，你可能無法百分之百確定，但光是「嘗試去理解」就有助改善狀況，讓掌控權再度回到我們手中。而你已經知道，這會馬上強化你的核心快樂。

◆試著站在批評你的人的立場想想吧！要記得，如果你是他們，有著和這些人一樣的成長過程、生命歷練，你也可能會和他們作出相同的反應。而且，反思這件事帶給你的情緒並意識到你的感受，其實取決於你。別人不能影響你，自己的感受，自己主宰。

◆如果想進一步安慰自己，我們不妨這麼想吧：如果今天是你很要好的朋友，或是你的小孩面對這樣的批評時，你會怎麼安慰他呢？

結論

　　可以的話，儘可能地找些生活中的摩擦吧！把這些生活中遇到的人際難題與不愉快，都當成珍貴的禮物，並且對自己誠實。透過自己的眼睛來寫下新的故事篇章：寫下一個能讓你找回生活掌控感的故事，在這個故事裡，你再也不是受害者，而是一個英雄、一個好人。同時也為其他人寫下不一樣的情節吧！這會是一個充滿同理和慈悲的故事，當中的每個人都已經盡力做到最好了。記得，你永遠都有選擇權，選擇如何面對生活中躲不掉的難題。在自己的故事裡，你絕對有選擇權，那為什麼不選擇讓自己快樂呢？

六、與陌生人交談

TALK TO STRANGERS

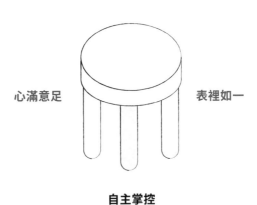

心滿意足　　　　　表裡如一

自主掌控

我出生在英格蘭的西北方。成長過程中，我曾聽說「住在南方」的人都不是很友善，但我總認為這種想法來自於一種懶得去了解真相、不怎麼公平的刻板印象。我第一次真正在南方度日子的契機，是我二十出頭時前往倫敦的那段時間，我還記得當我在尤斯頓車站下車、前往乘坐地下鐵的時候，有多興奮。我一坐到地鐵列車上，就開始跟坐在旁邊的人聊天。「忙碌的一天，不是嗎？」我這麼問她。她勉強給了我一個尷尬又不失禮的微笑後，馬上看回她的報紙。我猜，她早上可能過得不是很順。我和坐我另一邊的男人對到眼，快速跟他點頭致意。他看起來六十幾歲，膝蓋之間還夾著一個漂亮的黑色皮革公事包。結果他給我的感覺是，他會過來賞我一巴掌。

　　這真的太令人震驚了，離開家鄉才兩個小時的路程，感覺卻好像來到另一個星球。但同樣令人驚奇的是，我發現我很快就讓這些最初的互動經驗改變我自身的行為。我開始比以前更常來到這個城市，一搭上地鐵，我就會把耳機戴上，創造出環繞在我周遭的個人專屬空間。可是這個行為還是有代價的，我很快就發現這樣做違反我的天性，讓我表裡不一了。我天生就是個外向的人，社交活動就是我的主場。近年來，我搭地鐵時經常跟旁邊的人打招呼，如果我選對人，他們就會用微笑和一句話來回應我。這種感覺好到令人意想不到，就像在我身上打了一劑很純的快樂針，而且很顯然，我的地鐵新朋友也都感受到了。

神奇的維他命 S

　　為什麼這個與人微小連結的瞬間，感覺會那麼好？那是因為人類是群居動物。我們的天性要我們去跟其他人互動，再用正面的感受獎勵我們。心理學家也發現我們腦內有個網絡，有著「社會尺標」的作用。這個社會尺標的工作就是不斷掃描著我們的社交世界，如果它偵測到我們跟這個世界沒有緊密連結，我們的自尊心就會急劇下降，壓力反應也隨之啟動。我們變得焦慮、不快樂，身心疾病的風險也變高了。擁有正向的社會人際網絡，說有多重要，就有多重要。哈佛大學有個研究追蹤了一群人整整七十五年，發現在人們的生活中，影響快樂和福祉最關鍵的因素是我們人際關係的品質，除此之外，沒有其它能相提並論的因素了。

　　不過人與人的關係有很多種。顯然，跟情感伴侶、家人及朋友建立健康的連結是很好的事。如果我們想要讓核心快樂三腳凳保持強壯且穩固，我們也應當尋求跟

老闆、同事間的正向關係。如果，我們在工作中受到敵
視、猜疑，或者被忽視，就會更難以感到心滿意足並獲
得自主掌控感。比較容易被忽略的是，我們也該試著跟
在我們日常生活中進出的那些陌生人建立連結。心理學
家保羅・范・蘭格（Paul van Lange）和西蒙・哥倫
布（Simon Columbus）在 2021 年的研究顯示，跟陌
生人的正向互動可以「幫助我們滿足像是感受與人交
流、被人欣賞以及個人成長等基本需求」。他們建議人
們「主動跟陌生人簡短互動，甚至微笑」，因為這麼做
會為我們補充一種極其重要的社交養分——他們稱之為
維他命 S（Vitamin S）。

美國心理學家尼可拉斯・艾普利（Nicholas Ep-
ley）教授的研究也支持了這個看法。因為我自己個人
經驗的關係，艾普利教授關於火車上陌生人行為的研
究，讓我格外著迷。他請芝加哥的通勤上班族從以下三
件事情之中挑一件來做：第一組人需要完全避免與他人
互動；第二組人可以繼續保持平常的習慣；而第三組人
必須做出嚇死人又極端的事——跟陌生人互動，向他們
打招呼說聲嗨，然後小聊一下。實驗開始前，他問受試
者，如果他們是第三組人，會有什麼感受。大家都說，
他們不會喜歡這樣，因為如果必須跟陌生人講話，就比

較不能享受這段通勤的時間。當被問到覺得有多少陌生人願意跟他們互動，他們預測大約40%的人會願意開口聊天。

最後，研究結果是怎樣呢？每個被主動接觸的陌生人，都很樂意與他們交流。那這樣的交流有如他們所預想的，毀了他們的上下班時間嗎？當然沒有。他們不僅在與人交流的過程中變得更開心，這個快樂的感覺還會繼續發酵一整天。這些簡單又規律的維他命S相當強大，因為它為我們的潛意識提供了持續的安心感，我把這種狀態稱為「正向社交回饋」（Positive Social Feedback）。

當然，這些研究結果似乎不太符合當年我在倫敦地鐵的經驗，但我覺得這有一個簡單的解釋：在倫敦，白天的乘客通常都壓力爆表，趕著一個接一個的行程。對很多人來說，在地鐵上戴上耳機度過的那些時間，可能會是他們在接下來幾個小時內，僅有的、和自己獨處的一點寶貴時間。我絕非建議我們應該去打擾那些不想被打擾的人，我們和他人快樂的一大關鍵是對周圍的世界都保持尊重的心態，所以許多人不想被打擾也是很合理的事。

可是多少人純粹只是在模仿身邊的人在做的事？又有多少人是真心喜歡與周圍的世界隔絕呢？我猜真心喜歡的人，會是出乎意料地少。

他們只是回應著周邊的環境，預設坐在隔壁的人不會想要交流。人類是群居動物，天性就是渴望與人有所連結。艾普利在公車、計程車、候車室都進行了實驗，也都得到相同的發現，他甚至在前往倫敦的通勤火車上也發現了一樣的結果。

我當初在地鐵上有過的負面社交經驗現在已成過眼雲煙，因為我很快就意識到，說到底，這與對社交提示敏不敏感有關。當一個人願意跟你聊天，明顯就能從他們的肢體語言觀察到，所以我很快就發現倫敦人其實也跟世界各地的人一樣，都是社交動物。近年來，我幾乎每次到地鐵站都會主動跟別人說話，少數情況下我誤判了信號，硬生生地被拒絕，這時候，我會把那人想成是英雄。

人類是社交動物，渴望與人有所連結。

方便帶來的代價

　　艾普利的研究中一個最卓越的發現，就是它揭露了這些典型通勤族的心態。他們不但預設多數人都不想要交流，還覺得即使交流了，也會讓他們變得比較不開心。那麼，到底是什麼原因讓這些社交動物對社交這單純的行為，有著如此負面的感受？我相信一大部分可歸咎於「想要的大腦」。第二次世界大戰結束後，我們所做的許多努力，都是要讓生活變得更加方便。從上個世紀中葉開始，從私有交通工具開始普及，到現代宅配網購風行，都讓我們生活變更容易了，但也少了很多與人社交的機會。

　　當然，我並不是呼籲要禁止開私人汽車、使用亞馬遜網購或線上生活雜貨外送服務。我想說的是，這些帶來方便的事物也有著龐大的代價。我們曾經走路去在地市場買東西，每天遇到鄰居好幾次；現在我們傾向開車去沒人認識我們的大賣場或用手機下單生活雜貨。我們

也沒那麼常去電影院了，反而是宅在家看網飛。甚至，我們連排隊也省了，比起站在隊伍中跟其他人聊天打發時間，我們選擇把時間花在用手機打電話排隊，聽著預錄語音告訴我們這通電話對他們有多麼重要。我們的生活太過忙碌，所以通勤時間往往是我們唯一能跟自己「獨處」的時刻，可以看看報紙、玩玩填字遊戲，或沉醉在某本書裡。長久下來，我們失去了正向社交回饋。

小時候我在家裡幫忙接電話時，母親都會確保我在把電話交給她之前，跟打來的人簡短又禮貌地寒暄幾句。但現在這種事情不會再發生了，因為大家都有自己的手機。科技正緩慢又確實地抹除了人類日常生活中未經計劃的互動。甚少跟人往來的生活，已經成了家常便飯。研究顯示，現代人比 1980 年代的人要孤獨兩倍，而這對我們的身心健康帶來了毀滅性的影響。感到孤獨的人得到慢性疾病的機率較高，像是心臟疾病、憂鬱症和焦慮症等等。

因此，我覺得有意識地追尋正向社交回饋的點滴時刻，變得更重要了，而我們可以在幾乎任何地方做這件事。有一組研究員專門研究在星巴克與櫃台人員進行簡短談話的人們，他們發現有聊過天的人離開後比沒聊的

人開心，並得到「更多的社區歸屬感」。甚至只是跟完全不認識的人有個短暫的眼神接觸，都能增加融入和歸屬感。

社群媒體只是社交劇場

假如你每天花三個小時在 Instagram 和臉書上跟陌生人聊天，便覺得自己社交滿活躍的，那我恐怕得告訴你一個壞消息：社群網站才不算社交。線上溝通的問題在於，它們多半流於獲得他人認同或與人起衝突而已。問題源自於這些社交平台的設計，陌生人傾向於用網路來互動，因為他們想從你身上得到些什麼，好比一個回追、支持的留言，或在最糟的情況下，藉由攻擊你來跟他們的粉絲炫耀。網路上的生活無處不是一場交易，互動都帶點利益交換。大多數時候，這只是「負面社交回饋」（Negative Social Feedback）。

社群媒體似乎也對社交行為造成了糟糕又扭曲的影響。好幾次當我實際與我在社群媒體上認識的人見面，我都會發現他們跟我想像的完全不同。劇情總是這樣發展：他們實際上友善多了，他們跟我在推特上所知道的那種咄咄逼人、傲慢、愛引戰的人設八竿子打不著。因

此，我開始把社群媒體看作是一個社交劇場，人們不是真的想互動，而是為了獲得認同而給出一場表演。他們想得到愛，所以創造了能讓他們在這特定情境下得到更多愛的人設。他們在現實生活中的行為，和在網路上的並不一致。若他們真的以網路上的舉止行走江湖，應該很快就沒人緣了。當你也開始把社群媒體看作是社交的劇場，大家都是在演戲，你就會了解得更透徹，並學會不去在意太多網路上的東西。

個案分析

　　三十五歲的費米因為皮膚問題來找我看診，他之前找了其他醫生，嘗試過各種療法都沒有什麼改善，我明顯感覺到他的生活中有很多潛在的壓力，所以決定採用不同的方法來治療。

　　費米總是看起來很沮喪、穿著邋遢，衣服滿是污漬，又很難跟人有眼神交流。他告訴我他不太出門，比較喜歡跟自己獨處。我問他是否有任何團體或社團是他可以加入的，他承認自己在人群中總是感到尷尬、不自在，所以寧願待在家裡也不要加入那些團體。他最快樂的時光就是在早晨陽光灑落的廚房，邊喝咖啡，邊用手機了解新聞時事。

　　我給了費米一個特別的處方箋：每天早上都讀一份實體報紙。他必須離開家，出門到當地的報攤買報紙。每天早上，他買報紙時都是同一位店員服務他。漸漸

地，他們就認識了彼此。他們會互相打招呼，給彼此一個微笑，短短幾天內，這就變成彼此生活中的日常。

兩個禮拜後的某天，平常的店員因為感冒沒來上班。費米問了問他的狀況，而在接下來的日子中這個小對話變成更多的閒話家常，最終讓他認識了一些店家的老顧客，費米開始覺得自己是當地社區的一分子。

有天早上，他跟其中一個總是穿著健身裝備、提著運動包包的老顧客聊天。費米對他很感興趣，也發現他每天早上八點都去健身房上拳擊課。那位顧客邀請費米隔天跟他一起去上拳擊課，雖然費米一開始覺得很緊張，但還是跟著去了，也發現自己很喜歡。不知不覺，他已經定期去上課，並且愛極了運動帶來的感覺以及強烈的社群歸屬感。

下次我看到費米的時候，他像是脫胎換骨一般，不但瘦了一圈、換了整齊乾淨的衣衫，整個人更是滿面春風，他的皮膚問題也隨之消失了。我無法確定這樣的結果是否跟我開的社交處方箋有關，但我強烈懷疑兩者有所關連，而引發費米改變的事物僅僅只是一份報紙和一個微笑。

如何跟陌生人講話

我們在與其他人正面交流後，都會感覺更好。在一天當中，有著許多和他人交流的機會，只要我們能訓練自己找尋這些機會。你當然可以從你感到自在的地方開始，但別害怕慢慢踏出舒適圈。要記得，你想互動的對象可能也希望有人能和他們說說話。

參考以下的例子作為靈感，接著就開始行動吧：

◆如果你搭乘大眾交通工具，試著說：「哈囉，你好嗎？」如果這太困難了，你可以做個簡單的小動作，像是點頭或微笑就好。

◆當你去買咖啡的時候，跟幫你泡咖啡的店員說聲謝謝，或祝福他們有個美好的一天。

◆買火車票的時候，對售票員微笑、致謝。

◆在外散步或跑步時，跟經過你的人用微笑、或是表

情變化來打招呼。

◆當你在咖啡廳或餐廳時，問候前來的服務生他們今天過得好不好。

◆當你身處漫長的排隊隊伍裡，別把它想成一件痛苦的事情，而是當下轉念，告訴自己這是利用正向的社交回饋來增加自己和他人快樂的大好機會。

◆有時候你可能會被拒絕，但別因為這件事垂頭喪氣。請牢記在心：你並不認識那個陌生人，所以他們的回答不可能是特別針對你。與其為此感到難過，不如把他們想像成是英雄吧（詳見第139頁）。

如果你不想互動，那就假裝吧

　　如果你是外向的人，那你很幸運，你會自然而然地每日幫自己補充維他命Ｓ；但如果你是內向的人，你看到這一章的內容可能會有以下兩種反應：第一種，你可能會告訴自己這個方法不適合你。可是，儘管事實上內向的人不需要跟其他人有一樣多的社交互動，但他們還是人，而身為人類，本質上還是需要得到社交方面的安全感。在2020年實施社交距離限制期間，我那些內向又很愛獨處的朋友們，發現他們其實很懷念跟人們相聚在一起的樂趣。其中一個人之前喜歡每天去咖啡廳喝咖啡，然後在裡面用筆電。他不會跟任何人聊天，只會跟店員點頭示意而已。只有在這種經驗消失之後，他才意識到自己有多需要它。隨著封城時間持續延長，他得到了一個出乎意料之外的結論，就是他每天去咖啡廳並非真的想補充咖啡因，而是去享受周圍有其他人所帶來的、深層且基本的心靈慰藉。

第二種內向者的反應是全然的恐懼，你可能會覺得你就是無法跟陌生人搭訕。如果是這樣，我鼓勵你從假裝開始。晚點我們會討論到跟其他人在特定時間、地點進行有意義且真實不虛偽的溝通這件事，但我現在談的不是這個。如果你不想真的跟對方聊天，大可不必這麼做，你只需要對你接觸到的人點頭、微笑、給予一點點眼神交流來開啟你的一天。正是這些微小、看似沒什麼的交流，會帶來大大的不同。它會把你的社會尺標稍微上推一些，並透過讓潛意識知道你很安全、有足夠的能自主掌控感，並沒有受到威脅，來強化核心快樂。即使只有一點點的正向社交回饋，都能帶來像是強心針般的功效，尤其當你沒有社交的心情時，你很快就會開始覺得你在世界上的定位不一樣了。

我曾在我兒子身上得到驗證，過去幾年我們養成了一起在公園跑步的習慣。從小他就看著我會跟其他經過的跑者們微笑或打招呼。然而，他自己從來不會這麼做。也許跟很多小孩子一樣，他有點在意別人對自己的看法。某天，有個男人朝我們迎面跑過去，我兒子跟他打招呼，還對他微笑。那位跑步的人也回他一個微笑，對他說：「嗨，希望你也享受你的慢跑。」此時，我注意到兒子自顧自地微笑了好幾秒。我能察覺他對自己感

到非常自豪又滿意。他冒了點險跟人互動，也有所收穫。我們回到家後，我問他這一小點的正向社交回饋給了他什麼感覺？他說：「這真的讓我感覺超棒的，也讓我跑更快了！」

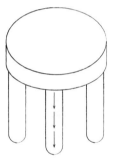

心滿意足　　　　　　　　　　　　　表裡如一

自主掌控

意味著你擁有主導權，
且在合理範圍內，沒有
任何事情能夠打擊你。

和陌生人一起跑步

我超愛公園競跑（parkrun）。公園競跑最早是屬於朋友間的休閒活動，在倫敦南部發跡，現在發展成一個全球性現象，在五大洲二十二個國家、超過兩千個地點都有舉行。所有活動都是免費參加，由志願者籌辦。我和家人已經參加公園競跑好幾年了，有些早晨讓人覺得特別沒有動力，有時天氣真的很糟，但我們知道，只要來到起跑線，三十分鐘後就能神奇地完成五公里路跑。

我深信公園競跑會成功的秘訣並非真的在於跑步本身，而是它帶來的群體感受。好比其他全球性健身熱潮——混合健身（CrossFit）——那種身為團體一分子的感覺，就是讓人一再回來的原因，一種歸屬感。參加公園競跑中跑步的人不見得是你想交換電話號碼的人，他們跟你算是半個陌生人的關係，也過著各自的生活，可是每週看到同樣的面孔，途中看到的微笑、認同的點頭致意、無條件的支持，都帶來一種強大、穩定生活的力量。既使是在英格蘭北方，寒風刺骨又下雨的星期

六，參加公園競跑都能點亮你的生活。它為我們注入了高劑量的正向社交回饋，提醒著：我們有所屬。

你的居住地有公園競跑活動嗎？你報名了沒？是什麼讓你止步了？如果公園競跑不對你的胃口，還有什麼其他會強制讓你跟更多「陌生人」互動的團體活動可報名？這活動可以是親自在大賣場買東西而非網購、在當地的報攤買報紙，或是去咖啡廳稀鬆平常地喝杯咖啡，也可以參加每週的實體瑜伽或皮拉提斯課程，然後自己在家練習。我們人都是社交動物，因此需要實際的社交行為。

結論

　　跟陌生人談話的訣竅是從小互動做起，尤其當你是個保守且內向的人，可以先從微笑和眼神交流開始，然後再逐漸增加。即便是最簡短的社交都可以算是正向的社交回饋，這會讓你心情很好、更有自信、並產生更多互動的意願。無論你現階段與陌生人講話的頻率為何，我都希望你更常這麼做。把自己從舒適圈再往外推一點點，藉由這麼做，你會感受到更多掌控感、更滿足、更表裡一致，也能夠強化核心快樂。我有個朋友的爸爸八十幾歲了，仍然十分健朗。他曾經與我分享長壽和快樂人生的秘訣，就是每天至少跟十個不同的人說話，我覺得他說的一點都沒錯。

七、把手機當成是一個人

TREAT YOUR PHONE LIKE A PERSON

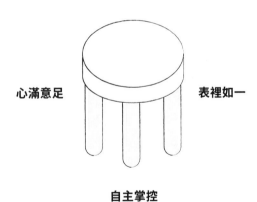

心滿意足   表裡如一

自主掌控

世界上數十億的人都有智慧型手機常伴左右，手機基本上與我們形影不離，工作、逛街、散步、放假、睡覺都帶在身旁。我們帶手機去吃晚餐、午餐，早餐也不例外，在沙發上看電視的時候還要滑個幾下，許多人甚至還把手機帶進廁所滑。現今的手機有著許多令人嘖嘖稱奇的好處，但我們是否被這些優點迷惑了雙眼，而忽視了其他缺點呢？我們實際上到底付出了什麼代價？對許多人來說，手機奪走的是快樂。

　　說手機已經變成我們的電子影子，一點也不誇張，但想像一下如果你實際的影子也帶給你和手機一樣的感受呢？我覺得這是個很有趣的思想實驗，因為它迫使我們去思考這個裝置擁有什麼不可思議的力量，還有它怎麼從各方面改變我們日常生活的細節。想像一下，如果你的手機是人，然後這傢伙像你的手機一樣讓你壓力爆表，還讓你不斷分心，你會怎麼看待這個人呢？如果這個人可以把你迷得神魂顛倒，讓你開心、取悅你的程度就跟手機一樣，你的伴侶會怎麼想？你的小孩又會怎麼想？他們會真的希望這個人一直跟你混在一起，無時無刻都不罷休嗎？

你的電子跟蹤狂

你摯愛的人絕對比不過現代科技，沒有任何人類比得過。你的手機記下了你的歷史紀錄和喜好，你在網路上聽過的每一首歌、看過的每一部電影、買過的每件商品，以及每個關於知識、性事和社交方面的交流，都記得一清二楚。它會產生一個很懂得激起你「想要的大腦」的深度個人化知識，然後利用這些知識把你吸入為你精心策劃的分心宇宙。當你摯愛的人希望你把注意力從手機轉移到他們身上，實際就像要跟整個矽谷的力量與才智較勁。這些工程師花了數十億元研究如何找出人類的心理弱點，並且用它來剝削人類，而且我可以拍胸脯保證，他們相當擅長這項工作。所以，如果你一直無法管理好使用手機的習慣，這並不代表你是個軟弱的人，也不是因為你自制力很差，是因為你在跟世界上最聰明的一群人打一場無形的戰爭。

這場仗，要爭奪的是你的注意力。你在一個應用程

式上花越多時間，工程師就越了解你，同時也賺到更多廣告收益。他們不會只把目標鎖定在年輕人身上，誰都有可能成為獵物。我的親戚中有位長輩手機中毒滿深的，來我們家吃飯時手機都放在桌上。當我們在聊天、享受美食和陪伴彼此的時光，他卻在滑 WhatsApp 和臉書，甚至還試圖讓我們看他的對話訊息還有好笑的影片。也許對他來說，這是讓我們感到有融入在他的數位小圈圈裡的一種方法吧。當然，我們真正想要的不會是看貓彈鋼琴，而是他全神貫注在我們身上。只要他用網路來打發時間，就也打發了跟我們相處的時間。一同在餐桌上用餐是社交活動，跟家人圍在一起看電視也是，這是人類的共同經驗，就像以前部落族人圍在篝火旁、聽著耐人尋味的故事，兩者幾乎沒有不同。這是人類的共同經驗，只是跟以前族人圍在篝火旁講述的耐人尋味故事有些許不同而已。一旦有人拿出手機來，他們就打破了美好的相聚氛圍，然後自己神遊到其他地方了。

你摯愛的人絕對比不過現代科技，沒有任何人類比得過。

　　我們很容易沒意識到這些工程師從我們身上偷走多少時間。先前我有介紹過哈佛商學院的研究員艾希莉・威蘭斯教授，她的「時間碎片」（Time Confetti）概念指的是「那些因為沒效率同時做好幾件事而浪費掉的微小時間」。我們的時間被切成很多碎片，手機絕對要負起最大責任，但即使我們沒有直接使用手機，它還是有可能帶來負面的影響。首先，因為我們從一個任務轉換到另一個任務時，我們得消耗相當大的腦力才能再回到本來在做的事情上，我們的腦袋要切換任務，不是說切換就能馬上切換，轉換過程相當耗損腦力，導致留給像是工作和感情這些人生中重要事情的腦力變少了。如果我們不斷從手機上來回轉移注意力，我們就無法全神專注在任何事情上了。

　　再來，手機讓我們剩餘的大部分時間品質變得低劣，即使我們不是真的在使用手機，它的存在本身也會讓人分心。我們都很清楚，當跟朋友在一起時，如果手機在旁邊我們就無法這麼專心，而這對老婆、老公、男友、小孩、工作皆是如此。已經有研究顯示這些裝置到底有多擅長讓我們分心：與很少用智慧型手機的人相比，經常用智慧型手機的人們在帶孩子參觀科學博物館期間能享受到的體驗也比較少。此外，據他們描述，他

們更容易感到分心、較無法從體驗中感受到意義，跟孩子連結互動的感覺也比較少。這個研究告訴我，使用智慧型手機並非只是無害的小樂趣，而是人生中許多最奇妙的體驗，都被手機侵蝕、降級了。你有多少人際關係和珍貴的人生片刻，正是因此被破壞掉的呢？

感到滿足以及對生活的掌控對我們的核心快樂至關重要，但僅僅是把手機帶在身邊，往往就足以損害我們的快樂。然而，手機也會破壞核心快樂三腳凳的另外一隻腳。我們有多少人想要被認為是好父母、好伴侶，或是好同事？手機利用它神奇的力量讓我們分心、讓時間品質變差，還把我們推向壓力爆表的臨界點，這些，都會持續把我們推離想要成為的樣子。

心滿意足　　　　　　　　　　　　自主掌控

表裡如一

　　當然，生活中總是有些誘惑會使我們分心，像是報紙、電視還有遊戲機。可智慧型手機不一樣的地方是它們方便攜帶，功能又強大，多數人真的從來沒離開過自己的手機，大約80%的成人在一天二十四小時內，伸手就可以拿到手機，完全不用站起來走動。平均下來，我們每天查看螢幕的次數介於二百到二百五十次。美國德州大學的研究員對八百名智慧型手機用戶做了研究，發現當手機觸手可及時，他們的認知能力會「顯著地減少」，甚至當手機是關機狀態也是如此。如《欲罷不能》（Irresistible）的作者亞當・奧特（Adam Alter）教授，在我的播客節目上所說，如果問人們「你願意讓出

現在手機上的事物植入你的腦袋瓜嗎？」多數人都會說
不。可是，因為我們一天二十四小時真真確確被手機上
的事物環繞，這幾乎帶來了一樣的效果。根據亞當的研
究，有2%至45%二十到三十五歲的人們，寧願摔斷手
也不要摔壞手機。

想聽我與亞當‧奧特教授討論關於科技讓人上癮的本質，請上www.drcha
tterjee.com/132收聽。

手機在場的時候，

我們的笑容會減少 30%。

手機腦

別誤會，我跟任何人一樣禁不起智慧型手機的誘惑。社群媒體已經成為我工作中重要的一環，所以無庸置疑，我有時用手機的時間跟頻率比我希望的還多。幾年前，我決定從這些社群平台放三個禮拜的假，我把手機的臉書、Instagram、推特等應用程式都刪掉了。大概過了半小時，我發現自己會把手機拿起來，下意識地去查看那些已經被刪掉的應用程式，這樣的行為持續了三天。

我的零社群媒體假期為我帶來最棒的好處之一是，我能因此走進內心深處，思考自己對這個世界的看法。不然我根本不會發現，我的想法受網路言論的影響程度到底有多深。社群媒體上真的有太多同溫層思想，但是因為我們沉浸在網路世界，因此無法得知我們的想法被其他人的觀點感染了多少。你的手機就像是你一直帶在身邊的另一個人，無時無刻不在你的腦海灌輸他的想法

和觀點，我們也因此和自己的想法、價值觀和信念脫節。如果我們不夠小心，就有可能患上嚴重的手機腦，讓社群媒體最暴躁偏執的部分代替我們思考。

定期給自己零手機的時光，對我們的幸福是不可或缺的。無論是每天固定一段時間，或是每年幾次長一點的時間，帶來的影響都至深且巨。你會開始讓外在的雜音變小，轉而傾聽自身傳遞的訊號，你會變得更能與自己連結。然後，當你這麼做的時候，這也會幫助你更容易跟身邊的人連結，享受當下的陪伴。

我們失去的一切

　　人世間其中一個不幸的怪象就是，我們很難想像自己失去了什麼。如果你沒擁有過手機的話，過去十年間的人生會有何不同？你跟伴侶、小孩、老闆、朋友的關係又會變得如何？你對世界的憤怒會多一些還是少一些？還是你會感到更滿足、更能掌控自己的生活，也更表裡如一？美國康乃狄克州耶魯大學的教授兼心理學家勞麗・桑托斯發現，「只要決定離開社群媒體，就能帶給你比賺到十萬美金或跟人生摯愛結婚更大的快樂」。其他研究也發現手機在的時候，我們的笑容會因此減少30%。這些事實令我感到相當沮喪，當我仔細回想過去幾年因此而失去的寶貴時光，老實說我差點流下眼淚。

若想聽我跟勞麗・桑托斯教授的廣播談話，請上www.drchatterjee.com/151收聽。

個案分析

　　四十一歲的莉迪亞為婚姻問題所苦，感到心情低落和憂鬱，因此來找我看診。她經常會在下班到家後，再花幾個小時用手機回覆工作上的電子郵件。之後，又因為不想直接去睡覺，於是熬夜狂看YouTube影片，或無止盡地滑Instagram，隔天醒來後，又繼續重複這些乏味的事。她的丈夫每次想跟她交流的時候都感到很挫敗，因為她總是分心看著自己的手機。丈夫也因此感覺被忽視、不被愛和不被傾聽了，他們之間的相處充滿了情緒上的緊張，時常導致看似無關的爭吵。

　　跟莉迪亞談完後，我很清楚她是用工作來轉移自己的注意力。她的感情關係並不順遂，所以比起去解決問題，把工作當成藉口還比較容易些。這也跟手機無所不在的特性有關。根據我的經驗，坐在桌子前用筆電回覆工作郵件，對感情的影響，不會像邊看手機邊嘗試和伴侶互動那樣造成那麼多負面影響。

　　我跟莉迪亞解釋，邊用手機邊跟丈夫互動，就像房間裡有了個第三者。莉迪亞和我們很多人一樣，覺得抗拒看手機很困難，我建議她把手機上的電子信箱連同社群媒體應用程式一起刪掉，以減少誘惑，我也推薦她週末跟丈夫不帶手機出門散步。

　　說這種方法完全改變了他們的關係和生活，絕非誇大其辭。這需要些時間，那是一定的，但是漸漸地，他們重新開始互動了。因為莉迪亞和她丈夫空出了時間，跟彼此在當下好好相處，他們變得能夠敞開心房跟對方訴苦，也有了傾聽彼此心事的餘裕，而不是用Instagram或電子郵件來逃避問題。不到幾個禮拜，他們的關係就改善了，彼此變得更快樂，也更親密。在這之前，莉迪亞和她的丈夫都沒有意識到手機對他們感情的破壞力有多大。

重新設定順序

　　建立新習慣的其中一個基本原則，就是讓你想在生活中實行的任何行為越容易做到越好。如果你讓一件事很容易就做到，你就更可能一直做這件事。這正是工程師讓我們對他們產品上癮的方法，手機和應用程式令人欲罷不能的原因在於，它們引發了對垃圾快樂的強烈慾望──不管是排解無聊、得到社會認可，還是購買想要的東西──然後儘可能讓滿足慾望的過程變得簡易。亞馬遜的「一鍵下單」訂貨系統就是一個經典的例子，這為亞馬遜的收益帶來巨大的影響，因為它讓取得垃圾快樂變得極為容易。

　　抵抗這些工程師最好的方法就是重新安排順序。如果一個應用程式給你帶來困擾，就把它刪掉吧，最起碼把通知關掉，只在你需要用的時候用，而不是它想要你用的時候用。讓產品和服務變得不那麼觸手可及，對我來說，刪掉手機上的電子信箱就是改變的關鍵，也是我

在過去幾年為了幸福所做的最有影響力的事情之一，這讓我了解到我真的不需要在手機上看電子郵件。通常，一封電子郵件寄來，而你需要馬上處理它的機率是微乎其微，如果真的有緊急狀況，對方就會直接打電話來了。電子郵件有可能在我想要享受大自然時干擾我散步，在我的火車旅程中打擾我閱讀，甚至在我跟小孩在公園時打斷我們的相處時間。我現在只有坐在筆電前才會看電子郵件，也就是我主動決定要看的時候。

五種跟手機拉開距離的方式

這裡有一些有助重新安排順序、讓手機比較不會影響生活中重要事情的方法：

1・看看你手機上有什麼應用程式，然後問自己哪些對你有價值，哪些沒有：考慮刪除那些你不是真的需要的應用程式，記得要針對所有的應用程式都仔細想想，包括電子信箱。不要預設立場，覺得你沒了這些應用程式就活不下去，實驗看看會發生什麼事情吧。舉例來說，你如果想要少花一點時間在社群媒體上，就刪除你手機上所有的社群應用程式，你還是可以在你想看的時候用筆電甚至在手機瀏覽器上使用它們，只是手機上沒裝這些應用程式比較不方便使用而已。我前陣子刪掉了我的推特和臉書應用程式，發現自己就幾乎不會上這些社群平台了，你問我想念這些社群媒體嗎？一點也不！

2・設計自己的桌面：如果刪除應用程式感覺有點太過了，試著把你想減少使用的應用程式放在同一個資

料夾裡，然後不要把那個資料夾放在手機桌面的第一
頁。這會讓你比較不容易分心，也不會開始無意識地
使用這些應用程式。我其中一個朋友就這麼把
WhatsApp、Messenger以及Instagram從桌面
移開了，現在他只在真心想用的時候才會使用這些應
用程式。他說單單這個動作，就對他的幸福以及妻子
的關係帶來巨大的影響。

**3.把社群媒體和電子信箱應用程式的通知全部關
掉：**這些通知會導致你對於想要你注意他們平台，以
便賣你東西、對你投放廣告的工程師唯命是從、隨傳
隨到。你所珍視的那些人如果真的需要跟你談話，很
可能會直接傳簡訊或打給你，所以把這些應用程式的
通知響聲關掉，就能讓你奪回掌控權，這是其中一個
你可以做的最簡單卻最有效的事情。我五年前就這麼
做了，也把我手機上的工作電子信箱應用程式刪除。
對於改善我和科技之間的關係，這是我做過的最有影
響力的事情。（當然，如果有個你覺得對於你和你身
心健康有幫助的應用程式，如冥想應用程式，還是可
以考慮維持通知開啟，以便提醒你進行活動。）

4.當需要全神貫注的工作時，把手機放在不同的房

間：這有效到難以相信。我們常常會反射性地看手機，因為手機就在身旁。當我們一感到無聊或是工作有點不順，就很容易拿起手機來轉移注意力。很多時候，光是「需要起身離開房間」就足以減少手機的使用量。當我沉浸在心流狀態寫書時（例如這本書），我會確保手機不放在我旁邊。自從我開始這樣做，我的工作效率不知道提高了多少倍。

5·跟「請勿打擾」功能做朋友：學習善用你手機的「請勿打擾」功能。每款手機都不太一樣，但多數都能讓你自行設定，因此當你不想被打擾時可以關閉所有通知、電話和簡訊。舉例來說，開車、工作或用餐時就可以使用這個功能。

你的智慧型手機有讓你更快樂嗎？

　　智慧型手機就是為了被帶著走而生，這也就是為什麼——至少在英國——我們叫它「行動」（mobile）電話。如果你覺得這是一個明顯得可笑的事情，根本不用特別拿出來講，那我問你：為什麼你在家裡時要打開手機？很多人仍然有市內電話，雖然數量正在快速減少中。你或許在某個地方有桌上型電腦或筆電可以拿來上網，你也可能有收音機，甚至有CD播放器可以聽音樂。在家裡，做這些事情的工具都有自己擺放的位置，也都堅守在自己的崗位。你被逼著使用他們的時候，都是有意識的。意思是，你比較可能在真正想要且需要的時候使用它們，而不是在你有點無聊的時候用它們來打發時間。開始更有意識地使用手機吧！並開始把手機想成是一個人。你會希望那個人總是跟著你，走到哪就跟到哪嗎？

　　你是否曾經考慮過在家時把手機關機呢？如果這聽

起來太困難了，也許你可以先試試看只在晚上關機，再慢慢增加關機的場合。這是我自己常用的方法，我家裡還是保留著市內電話，然後只有我的家人和摯友有我的電話號碼。這也代表我在家要跟手機分開，是很簡單的事情。我可以把它關機，拋開它所有的噪音和誘惑，更專注地陪伴太太和小孩。如果家人或朋友真的需要我的時候，他們總能透過市內電話找到我。

我理解每個人對於手機都有不同的個人和職業需求，世界上也沒有一個萬全之策，但對於我們多數人來說，我們只是買了最新款的智慧型手機，然後在未經真正思考我們的需求下，就允許它滲透到我們生活的每個層面。近年來，多數的智慧型手機都內建許多最先進的應用程式來奪走你的注意力。

所以為何不花些時間問問自己，關於手機，你真正需要的是什麼？有哪些你用手機做的事情，是真的讓生活更好的，而不是反過來奪走你的生活？

手機可以是為我們提供許多不同好處的神奇裝置，前提是我們握有主控權，而不是讓手機控制我們。我們多半需要用手機來打電話和傳簡訊，有一部分人也用手

機來聽音樂和廣播，那其他功能呢？你真的需要手機上全部的應用程式嗎？或許你可以只用一個地圖應用程式，幫助你外出到處跑；還有用WhatsApp來跟朋友保持聯絡？我明白在很多場合裡，各式各樣的手機應用程式似乎是有用的，但談到科技，我們總喜歡過分強調它的優點，而刻意忽略缺點。別忘了，你的智慧型手機可能正為你最重要的人際關係帶來負面影響。

有越來越多的人在了解智慧型手機為生活帶來的負面影響後，就不再使用它們。他們重新回到那種比較簡單，只能打電話、傳簡訊的手機。有些非智慧型手機現在還是有提升生活的附加功能，例如音樂和相機，但沒有辦法連網路。去到哪裡都不斷連著網路會讓你很難關機、無法專注於當下。

我認識一些回頭用功能簡單的手機的人，他們告訴我絕對不會再使用智慧型手機。用回傳統手機讓他們覺得內心變得平靜、少了一些壓力，也不那麼焦慮了。他們還感到更能專注在生活中的時時刻刻，跟親近的人的關係也得到改善。我其中一個摯友已經用回只能打電話和傳簡訊的老式掀蓋式手機了，即使他有智慧型手機，也只把它放在家中抽屜裡，也沒有安裝SIM卡。每當他

需要長途旅行，並且覺得需要用到智慧型手機的功能時，他會在行前把掀蓋式手機的 SIM 卡拿出來，放到智慧型手機裡。因為他有花時間去思考這個議題，因此他找到了適合自己的方法。

你可能會覺得不使用智慧型手機的想法有點太極端，我也真心覺得不是每個人都需要這麼做。你和你的人生都是獨一無二的，但想想你上一次問自己真正想要、且需要用手機，是什麼時候？智慧型手機真的跟表面看起來一樣棒嗎，還是他們從我們身上奪走的比給予的還要多？

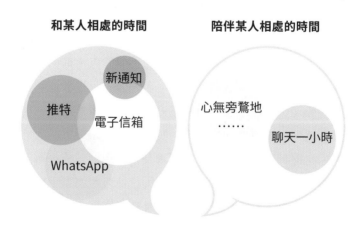

寫下你的手機規範

所有人類都有關於如何生活的規則，是幾世紀以來慢慢發展而成的，心理學家稱之為「規範」(norm)。有了規範後，舉例來說，我們就不會在街上吐痰，或酩酊醉醺地出現在社交場合，甚至還帶上不請自來的客人；也不會在自助餐中吃下超出合理的分量。像《歡樂單身派對》(Seinfeld) 和《人生如戲》(Curb Your Enthusiasm) 這樣的情境喜劇的取材很常聚焦在這些規範，並質疑規範的存在。但規範必然至關重要，它們告訴我們如何跟其他人類共存，生活在一個互相理解和尊重的環境裡。

因為智慧型手機是非常新的東西，我們還沒有機會發展出針對它的規範。在社交場合中有人拿出他們的手機並不會被認為是特別糟的事情，但你絕對不會在家庭聚餐時把電視搬來，放在桌上開始看。所以你為什麼會把手機拿出來？

我希望你寫下五項使用手機的規範，給你和你的家

庭參考——也許你們也可以一起制定規範。

以下是一些你可以制定的規範：

◆跟其他人出去玩的時候，把手機放在包包裡，這會
比放在口袋裡還要難拿到一些。

◆明確定出在家裡的無手機時間（例如：用餐時間、
睡覺前一小時、早上起來一小時）。

◆劃定無手機區域（例如：臥室、客廳、廁所）。

◆如果你還是覺得需要把手機放在臥室，也許可以把
它放在你房間另一側的抽屜裡，這樣你比較難下意識
地拿起手機滑。

◆想想你能不帶手機跟伴侶、朋友或家人出去的時
光，這可以是在大自然中散步或是去商店逛逛街。

◆考慮把工作用和個人用的手機分開。當我們的工作
和個人生活存在於同個裝置上，要設定界線就變得很
有挑戰，擁有個別的裝置可有效解決這問題。

◆考慮不要在你小孩面前用手機。我對這點特別講究，在我要通話聯繫時總是去別的房間，或是在他們不在旁邊的時候用手機，因為我不想讓他們認為我的手機比他們更重要。

◆當你出門吃晚餐的時候，可以立下規則：第一個看手機的人要請客買單。如果你喜歡在家裡用特定的應用程式來聽音樂、聽廣播、冥想等等，考慮在用的時候開飛航模式。

隱形的色情氾濫問題

　　情色內容是個讓許多人都覺得很不舒服的主題，但我們因為不舒服而不去討論這個主題，反倒隱藏了它已成為一個重大問題的事實。色情網站是世界上最受歡迎的網站之一，其中兩個網站還擠身全球造訪次數最多的網站前十名。令人擔憂的是，瑞典研究發現65%的十六歲高中女生多多少少有觀看色情內容的經驗，高中男生相對應的數字則是96%，其中七成的人每週看一次，有一成的人天天都看。

　　網際網路讓我們可以取得所有能想像得到的刺激，甚至連想不到的都有。所有對性的好奇心和慾望都可以在幾秒內被滿足，這破壞了核心快樂三腳凳的兩隻腳。首先，這可能會讓我們對自己的感情關係不滿足，色情內容改變了我們對性事的正常認知，也讓我們對伴侶有不切實際的期待。它也導致許多人覺得自己不夠好、能力不足，因為他們發現自己根本拼不過他們在網路上看

到的。我們不自覺地變得對伴侶更不滿意，也對自己更不滿意。A 片也把我們推離表裡如一的狀態，很少人在看完 A 片之後還能對自我感覺良好的。

個案分析

　　我從當一般科醫師的工作中看到，網路A片等色情內容對人們的身心健康造成了巨大的負面影響。我看過它讓長期的感情關係和婚姻走到盡頭，也遇過許多人因此而成癮。一名叫麥克斯的二十歲男子是我的個案，他因為覺得自己的習慣很糟糕，所以在講述情況時都不敢看我一眼，他每天都上色情網站兩到三次，為此感到非常羞恥。

　　我花了點時間跟麥克斯聊聊，試圖了解他的生活到底發生了什麼事。我很快意識到他看A片的行為，是垃圾快樂的經典例子。麥克斯跟其他人都缺乏深厚的感情關係，他也沒有任何興趣和熱愛的事物，感到非常孤單，這影響了他怎麼看待自己。可以理解的是，網路上的色情片讓他在看的當下感覺很棒，可是他總是在看完後覺得很糟，這導致了他爆吃甜食、喝更多酒、沉重地癱在沙發上好幾個小時的惡性循環。

　　他曾嘗試激發意志力來停止這種狀態，但這最多只會持續一個禮拜。無法自律並不是麥克斯的問題，他對色情內容成癮不是導因，而是症狀。真正的導因是缺乏跟人的互動和讓他熱衷的事物。除此之外，他因這個習慣而產生的羞愧感也正毒害著他。

　　羞愧感會在無人知曉的狀態下越發茁壯，而這樣癮頭就會出現。當我告訴麥克斯我看過很多跟他一樣的個案，我觀察到他馬上感到好多了。

　　我跟他討論了各種他可能有興趣的活動，唯一讓他眼睛為之一亮的選項是打拳擊，很明顯這件事有吸引他的點，即使他對於嘗試感到擔憂。但當他真的嘗試了之後，發現自己愛上了那邊大家志同道合的情誼，還有那沒得討論的鋼鐵紀律。他跟我說：「從前，如果有人叫我做十個深蹲，我做一兩個就會想放棄了，但在拳擊館內，十個就是十個。」

　　拳擊給麥克斯帶來什麼？一個歸屬的團體，一個強烈的目的，以及沒有手機、可以完全沉浸其中的時間。這幫助他強化了核心快樂三腳凳的每個支柱，他因此變得更加滿足、更能掌控生活，還有最重要的，更表裡如

一，這就是他想成為的那種人。很快地，他甚至不用刻
意嘗試，就不再對色情片上癮，因為看 A 片已經和那個
迅速蛻變成有自尊且堅強的年輕人，搭不上邊了。

減少看色情影片的訣竅

觀看不健康的色情內容是個巨大的隱憂。如果這個問題影響著你，以下是幾個可能幫助到你的訣竅：

◆跟他人坦誠這件事：羞愧感會在無人知曉的狀態下越發茁壯。

◆別帶著手機一起睡覺。把手機放在別的房間充電，若有需要的話，買一個獨立的鬧鐘。

◆注重健康的生活方式和習慣，像是營養的飲食、充足的睡眠還有規律的運動等等。如果你有好好照顧你自己，你就會比較不容易覺得累、覺得餓，以及情緒脆弱。

◆定期做你所熱衷的事情，讓它在情感層面滋養、支持你。

◆找一個會讓你負起責任的夥伴：找一個你信任的

人，誠實地和他吐露心聲，並安排固定的電話時間取
得支持。

◆ 有想看 A 片的衝動時，找個必要的替代方案，例
如：打電話給朋友、出門散步走走，或找你的孩子，
給他們一個愛的擁抱。

結論

　　把你的手機看作是個人，將會轉變你跟行動科技產品的關係。這是一個提高意識的練習，會幫助你辨識出手機默默損害你人際關係、削弱核心快樂的種種途徑。你可以讓數位影子干涉你、你的生活和你摯愛的人到什麼程度？設下明確的界限是至關重要的一步，這會讓你感到更心滿意足、更能掌控生活，也更表裡如一。為了你的快樂，該關機就關吧。

八、不戴面具的交流

HAVE MASKLESS CONVERSATIONS

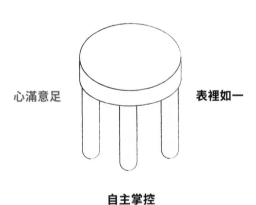

心滿意足   表裡如一

自主掌控

在我二十幾歲的時候，我總相信當醫生就要有醫生的樣子，他們一定要身穿白色長袍，脖子上掛著聽診器，用權威的語氣說著醫學專有名詞。我也許誇張了些，但真的也只有一點點而已。不久之後，我就發現自己大錯特錯。我過去展現的這種醫生刻板樣子，不但無法得到他人的佩服或信任，反而造成一種令人卻步的距離感。一旦我拋下了這種形象，開始展現更多我實際的樣子，我發現我更能和個案建立真正親近的連結。在諮商過程中，雙方都會將身體前傾，專注傾聽彼此，這總是會為醫病雙方都帶來較愉悅的互動。通常，個案的健康問題也都會得到改善。

　　四年前，當我剛開始每週主持播客節目時，我再度發現同樣的事情。一開始，我對於播客主持人 —— 尤其是具有醫療背景的 —— 應該是什麼樣子，也有許多先入之見。但我很快就發現，只要我越放鬆、越不自我設限 —— 包括將自己過去害怕別人知道的事公開展示出來 —— 我就越能得到力量和生命力，我能從對談中收穫得更多，我的聽眾也是。近年來，我每週節目上的對談已變得相當類似我從醫會診的內容：毫無修飾、真誠、親密且意義深遠。簡單來說，就是不戴任何面具。

有時戴上面具，有時冒點風險

　　社交面具有其存在的必要。有些時候，將真實的自己和感受偽裝起來，是再明智不過的選擇。先前，我們探討了和陌生人談話的力量，我們發現，若能每天來點正向社交回饋，就能幫助大腦相信它是處在安全的環境。當我們需要與外界打交道，可是當下沒有社交的心情時，大多數人就會選擇戴上一個開心或尊敬他人的面具，但我們也要儘量確保自己不會因此需要老是戴著面具。法國作家弗朗索瓦・德・拉羅什福柯（François de La Rochefoucauld）曾寫到：「我們是如此習慣在他人面前偽裝自己，以至於到最後，我們連對自己都要偽裝。」我十分同意。

　　我們輕易地躲進面具裡，時間一長，甚至忘了自己是誰。當這種事發生的時候，我們就破壞了核心快樂三腳凳的兩隻腳。如果我們無法揭露真實的自己，代表這個世界讓我們感覺不安全，這種情況下我們不可能表裡

如一地活著，也會感到對生活中的事物失去了掌控。我們覺得有必要把真實的自己隱藏，他人才能接受我們。這就是為什麼我覺得定期來點不戴面具的對話是必要的，不戴面具的對話不僅讓真實的自我有機會出來透透氣，也讓我們能夠更了解自己。

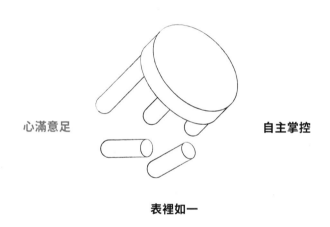

心滿意足　　　　　　　　　　自主掌控

表裡如一

通常，跟親近的朋友或家人在一起時，我們比較能夠摘掉面具，因為我們不怕他們看到真實的自己後，會被批評或品頭論足一番。在這種摘掉面具的談話中，你可以很自然地做自己，毋須試著打動、娛樂任何人或尋求認同。這種對話有風險，因為你無法確定聆聽的人會有什麼樣的反應。這種對話很少一下子就結束、通常會

很艱難，有時也會牽動很多情緒，尤其是當你開誠布公的內容，與過去犯下的錯、悔恨或個人創傷有關時。但經歷這樣的談話後，你一定會感到和先前非常不一樣，就好像卸下了肩上的重擔一般。

要是無法定期擁有不戴面具的對談，我們就會開始失去自己是誰的感覺，隨之而來的是孤獨和寂寞，這會對我們的身心健康造成相當大的破壞。最新的科學研究發現，寂寞跟憂鬱、焦慮和自殺率的提高有關，對我們身體健康的危害與抽煙不相上下，也顯著地增加了人們生病和早死的風險。在過去二十年來，我看過好幾萬個個案，我堅信摘掉面具的交流對於健康的重要性，不亞於我們的飲食。

只有當我們真正了解自己是誰，才有機會成為我們理想中的那個人。

個案分析

　　表面看來，三十七歲的史都華事業飛黃騰達。他工作很拼，經營自己的事業，還開跑車，但他的內心卻是非常煎熬。因為感到心情低落，他前來見我。他早上有時會賴在床上，一點起床的意願都沒有，有時，他會乾脆陷在沙發裡，感到絕望。他對生活漠不關心，缺乏動力。我問他平常會從事什麼娛樂，他說他沒有任何休閒嗜好，他不但沒時間做些熱愛的事，也覺得做任何事情都得不到樂趣。他常會在深夜不停看電視，直到天空露出魚肚白，這個習慣影響了他的睡眠，他常常會在醒來時感到精疲力竭。

　　史都華就住在他從小生長的城鎮，並且很幸運地，往日的同窗校友仍然住在附近。他整天忙著工作，忙到沒有時間和他們敘舊，但他告訴我，他都有在社群媒體上追蹤這些老友，所以非常了解他們的近況。我向他解釋，在社群媒體上追蹤他們跟看到本人，是完全不同的

概念，我建議他開始與這些人約見面，至少一週一次。

　　六週後，他回來找我時，臉上已有了大大的笑容。他完全變了一個人，他會在每個週日早上，和這些老同窗在當地咖啡館會面。當他訴說著自己過去的心情時，大家都很意外，因為從社群媒體上看來，他的生活完美無瑕。他的坦誠相見也得到了坦白的回應，現在他們全都相當珍惜可以聚在一起的時光。又過了幾週，有人建議每週來玩一次五人足球。

　　不到三個月，漣漪效應就開始發揮作用，史都華的核心快樂大大地得到強化了，他對人生感到更加滿足，也更有掌控感。即便在週間遭遇重重困難，他知道很快就可以和夥伴們一起放鬆並消除壓力。他不但感到更表裡如一，也更接近他想成為的那個人了。因為這些進展，他也不再覺得一定要熬夜看電視了。他重新燃起對五人足球的熱情，這也給他更多動力照顧好睡眠和整體健康。踢完前幾場比賽，他整個人累翻了，這促使他開始吃得更健康、睡得更好，並開始在午休時散步四十五分鐘來增強體力，而這一切都是從一次摘掉面具的坦白交流開始。

如果無法相見，拿起話筒吧

面對面進行摘掉面具的交談，有時候是不可能的。你可能會覺得視訊通話是第二個最棒的選項，畢竟，在 FaceTime、Zoom 或 Skype 上，你同樣可以看著對方說話。但出乎意料的是，許多人和我一樣都覺得視訊通話就是少了親近感。部分的原因在於，我們知道前面有攝影機在拍攝，自然會擔心自己呈現的樣子，當我們在螢幕的一角看到自己活生生的即時影像時，這種焦慮會更加嚴重。

　　此外，在視訊通話時，我們並沒有真正的眼神交流──要達到這個目的，你必須直視裝置上方的鏡頭，這意味著你看的是這個鏡頭，而不是對方的臉。此外，視訊時還會有些微的時間延遲，這讓我們難以掌握即時的社交互動提示。因此，我們經常發現自己不是跟對方同時搶話，就是要忍受雙方都在等著對方說話的空白。這樣的通話有時候極度累人，因為大腦無法接收到它習慣的那種社交互動提示，因此它必須更加努力去尋找開口的時機點。

　　如果這還不夠，心理學家還發現，當我們看到一張與我們很接近的臉時，我們會感到不舒服、怪怪的。根據史丹佛大學虛擬人類互動實驗室主任傑里米・拜倫森（Jeremy Bailenson）所說，視訊通話經常會啟動我們「戰或逃」的反應。「從演化的角度來看，如果有一張非常大的人臉靠近你，而且它還正盯著你的眼睛，接下來可能不是要發生衝突，就是要交配了」，他說。這聽來不像是適合進行親近對話的情境。

　　對許多人來說，當我們不能見面時，最好的交流方式還是最老套的——打電話。理想情況下，是使用在安靜房間內的市內電話，那裡幾乎沒有令人分心的事物，也不會有人來打擾。在我年輕的時候，這是當我無法親自見到朋友時，唯一能與他們講話的方式。最近，我又重新感受到打電話的樂趣。沒有事前約好，臨時打通電話和朋友聊上五分鐘，就足以讓我感到精力充沛、快樂無比，而且最能滋養心靈的仍然是認真、不戴任何面具的談話。使用市內電話讓你得以降低感官的敏銳度，並沉浸在對話中。因此，重視彼此的雙方都能有意識地專注在對方說話的聲音上。

　　用手機交流，本質上也沒有什麼錯。問題在於，如

上一章所發現的，我們很容易掉入同時在看電子郵件或上網的陷阱。你有意識到自己曾經這樣做嗎？即使只有一絲絲分心，就幾乎不可能在對談中徹底拿掉面具，並產生親近的感受。

（先聲明，我完全理解視訊通話有其他好處，比如可以看到遠方的朋友和家人。而且，某些人確實可以用這種媒介來進行親近的對話，只是對許多人來說，它可能不像我們以為的那麼親密。）

「真實性」的矛盾

　　現在，你可能會認為我要開始討論保持「真切不造作」的好處，這是可以理解的。當我們選擇摘掉面具時，我們肯定就是「真切實在」的嗎？「真實性」（Authenticity）是現在很受關注的字眼，許多我認識和敬佩的人，都在積極嘗試過著更真切的生活。但我認為，這個概念可能比它一開始出現時，更為複雜和不確定。因為要界定清楚什麼是「真實的」自我，是相當困難的。是那個我們想要變成的、正在努力落實的、更快樂和堅強的自我？還是現在這個有著許多缺點和不安全感的真實自我？

　　如果指的是現在的我們，是否就意味著，當我們讓自己的缺點自由發揮時，就是很「真實」的？那這是件好事嗎？如果是這樣，這個「真實」似乎就是一張放任我們展現粗魯和輕蔑，並踐踏他人福祉的通行證。它還縱容我們可以不用改變。例如，當面告訴服務生你覺得

他很高傲無理，這樣也算是很「真」嗎？還是說，因為你很重視善良和尊重他人，因此什麼都不說才比較真？

這麼說來，也許「真實」的自我其實比較像那個我們努力成為的、理想中的自己。但話又說回來，這不就意味著「真實」等於是假裝成一個不是我們的人？當情境合適時，現在的我絕對不反對「先假裝，裝到成功為止」這個概念，但這並不適用於摘掉面具的談話，因為摘掉面具的談話是為了走進你的弱點、有勇氣真實做自己，並敞開心扉談論你內心最深處的感受、缺陷和不安全感。

摘掉面具的對話應該要在對的時間、跟對的人進行，也通常發生在你信任、能給你安全感的人在場時，至少在一開始的時候是這樣。否則可能會不知不覺陷入「真實性陷阱」，意思是，在沒有適當界線之下過度分享，便會開始進入「演出來的真實」而非真切的「真實」。

有些人認為分享自己的各個方面，無論它們是多麼驚人和沒有修飾，就是最真實的。他們透過誇大「事實」的部分來演繹所謂「真實」並吸引注意力，把他們

遇到的問題放到最大，卻把他們享有的優勢縮到最小。
這完全和真實背道而馳，而且可能非常危險。

　　當我們因此而獲得大量的正面回饋時，我們就會受
到激勵而繼續這樣做——陷入沉迷的循環，甚至開始因
為自己的問題和缺點而感到自豪。這樣會養成並強化一
種內在信念：只有經過美化的自己，才能得到他人的認
同。然後，當我們暴露自己深層的不安全感和缺點之
後，收到他人負面的評論，就會覺得格外刺耳、感到很
受傷。我們會覺得不被接納，導致未來再也不願意敞開
心房。當這個狀況發生時，我們就會戴上更多面具來應
對，並深信假扮成不是我們自己的人，是在世界上力爭
上游的唯一途徑。這會對我們的核心快樂產生毀滅性的
影響，因為我們不但沒有表裡如一，對生活也失去了掌
控。累積一段時間後，我們就會變得不開心和不滿足。

正直就是解藥

「真實」似乎是個很值得追求的目標，但如今，太多所謂的真實僅只是演出來給人看，表演性質居多。基於此，每次你思考「真實」的時候，我希望你也順便想一下「正直」這件事。所謂「正直」，就是對自己和他人誠實。它會需要你實踐真正的「真實」，也就是認清並了解真實的自己，同時以想成為的姿態出現在這個世界上。當我們以正直的態度行事時，我們知道自己現在是誰，包括那些不安全感、擔憂和恐懼──但我們也知道我們正在努力成為理想中的那個人。

最新研究顯示，儘管大家都是獨特的個體，但實際上並沒有我們想像的那麼不同。無論我們是誰，當我們以冷靜、滿足、有愛心、善良、活在當下和充滿熱情的方式行事時，我們就會感到正在真實地做自己。發洩每個消極的想法、有慾望就去追，並不會是我們感到最真實的狀態。

事實是，我們每個人都是尚未完成的作品，都有些地方還可以加強、改善。這都沒有問題，只要我們知道真實的自己是誰就好。而唯一途徑就是正直行事，摘掉面具的對談呈現的就是正直，當下我們得以做自己、尊重內心希望成為的理想的人，但我們同時也保持誠實、有脆弱的一面。我們揭露曾經深鎖的部分，並坦率地展現內心的掙扎和缺陷。只有當我們真正了解自己是誰時，才有可能成為希望成為的那個人。正如心理治療師卡爾．羅哲斯（Carl Rogers）所說：「有個很妙的悖論認為，當我接受自己本來的樣子時，我就能改變。」

擴展你的無面具範圍

摘掉面具可能令人畏懼，因為我們通常很害怕揭露我們真實的樣子。我們都擔心如果其他人把我們看透，我們就會被排斥。當我們太害怕別人的評判時，面具就會永久地黏在我們臉上，然後我們甚至會開始自欺欺人。

如果這聽起來很像你，我強烈鼓勵你可以開始多試著把社交面具摘掉。挑戰自己這樣想好了：對他人隱藏自我也有相對的代價。若你都不分享關於自己的事，別人就會開始在腦內編寫他們的版本，他們創造的故事版本通常都是充滿謬誤且有失公允。如果你擔心他人對你的批判而躲藏起來，這是最不明智的舉動。

現在，想一下在生活中那些地方你可以試著摘掉面具。以下是幾個例子，供你參考：

◆曾經，在職場上戴上面具被認為是專業且恰當的，但這已經逐漸在改變了，我個人認為是件好事。例如，你信賴的同事跟你問好，你可以說：「事實上，我今天不太好。我的小女兒昨晚咳了一整夜，我覺得快累死，有點煩躁。」如果你這樣正直坦誠地說，你的同事並不會把你推向門外，他們接下來會更能同情、同理和原諒你當天任何的失常行為。我們也會看到許多公司企業越來越傾向擁抱誠信，主管開始與部屬分享他們的不安全感，這些都並非巧合。

◆我認識的一位公司執行長，在每次管理階層開Zoom會議時，都會先請每位團隊成員花兩分鐘分享他們在工作之外發生的事情。會議中的每個人都很樂意參與，儘管它佔據了一小時會議中的四分之一，但他們發現工作效率、人際連結和幸福感都因此顯著地提高了。

◆另一種簡單的實驗方法，是在任何工作溝通或會議開始前，來個「三個字詞的簽到」──就是簡單以三個詞彙來描述你的現況。這些詞不一定要是正面的──它們就只是讓人們更了解接下來這段時間要與他們互動的人。

五個卸下面具前問自己的問題

卸下面具的方法有很多種，這要視情況而定。這可以是與最親密的朋友進行一次極為深層、親近的對談，也可能只是在工作場域中透露更多關於自己和日常生活的事。無論你選擇在何時、何地摘下面具，以下五個問題都會對你有所幫助：

1 · 這是適合卸下面具的安全場域嗎？

2 · 這是對的模式嗎（是面對面、電話上、線上、有孩童在旁邊等等）？

3 · 我是不是有任何刻意誇大的地方，以獲得更多的關注？

4 · 為什麼我此時此刻想要分享這些訊息？

5 · 其他人是否有預留足夠的時間，讓我真正敞開心扉，並給予這件事應有的關注和時間？

卸下面具是種良藥

正如我們已經了解到，卸下面具是促進我們健康快樂的良藥。然而，提供機會讓其他人可以摘掉面具也是。在我成為一般科醫生的第一週，一位名叫凱莉的二十歲女性，因為心情低落以及對生活毫無熱情而前來找我。她找不到生活的動力，所以相當煩惱，而且還擔心自己「患有憂鬱症」。我當時算是初出茅廬的菜鳥醫生，根據所學的準則，我該給她開點抗憂鬱的藥物，但我總覺得哪裡不太對勁。我想知道這些症狀背後的原因是什麼，於是我決定讓她不被打斷地儘量講述。當我說話時，我用非常輕柔的語調，儘量靠近她來坐，並在她訴說時適時點頭。即使後面還有很多人在排隊，這次與凱莉的諮商持續了二十五分鐘。隔天，我再幫她安排了一次門診，繼續我們的談話。之後，她只要每個禮拜來一次就好。

在傾訴的過程中，她意識到自己的許多感受是完全

正常的，因為她與男友最近才剛分手。她還意識到自己太晚睡了，這讓她在隔天早上感到更加疲憊和低落。隨著她越來越有自覺，她開始主動改變自己的生活方式。我沒有給凱莉那種我的同事會覺得是「良藥」的東西，我給她的是時間和安全感，我給她一個可以摘掉面具和被傾聽的空間。透過這種方式，她更能夠了解自己，然後作出讓自己感覺更好的改變。

認識自己

　　當你給別人摘掉面具的機會時，你很快就會發現，這也讓自己更容易放下防備。我是在與歐巴馬總統任內的美軍外科醫師維偉克・莫西（Vivek Murthy）的播客對話中，意外地體驗到了這一點。儘管我們之前從未見過面或說過話，但我們很快就建立起強大的連結。維偉克冒著風險，展現出他自身的脆弱，並與我分享了一些關於他的童年和人生旅程中相當私人的事情。我用不帶批判和充滿同理慈悲的態度回應，這使我們的關係更緊密了。

　　片刻之後，我發現自己也透露了一個多年來一直壓在心裡的個人故事，我之前甚至沒有意識到它一直困擾著我。我與維偉克分享了幾年前，有次我在出版商那裡開會時發生的事。當時我被告知有一家大型圖書零售商拒絕上架我的第一本書，因為他們「已經有一位印度醫生的書在架上了」。我整個人瞬間凍結，但我一語不

發，會議上的其他人也都沒說什麼，談話很快又重新開始了。當晚，在回家的路途中，我不停在腦中播放這句話。我感到相當挫折和不解，同時，也感到羞恥，因為我當下竟然什麼都沒有說。

在那場播客對談結束後，也就是實際事件發生的好幾年後，我決定動筆寫下自己的感受，也和一些知心朋友討論，充分處理這個事件後就把它放下了。這個放下，包括我發了一封語氣冷靜且具有同理心的電子郵件給我的出版商，這引發了他們的暖心回應，包括有關未來如何防止這種情況再度發生。我得以療癒自己，不過是因為幾週前，我給了另一個人全神貫注的注意力，以及一個讓他們可以摘下面具的空間。結果，我也能摘下自己的面具了。

想聽我與維偉克・莫西博士這段發人深省的對話，請至 www.drchatterjee.com/114。

先建立連結，再進行教育

在我的職業生涯中，我做過最有回饋的事情之一就是教導其他醫生。這過程中，一個常會被定期提出的議題是「個案不照我的指示去做」。從他們講這句話的方式，我總能感覺到真正潛在的問題是什麼。事實很簡單：如果你「告訴」個案該做什麼，他們就不太可能去做，尤其當他們必須長期遵囑時。所以，我通常建議同事「先建立連結，再進行教育」，別急著給個案解決方案，先確保他們感到心聲被傾聽、認可和理解。

這適用於所有類型的談話，尤其是那些卸下面具的對話。在你與他們建立連結之前，沒人會全心聆聽，藉由建立連結，你也創造了一個同理的空間。對我來說，同理心是作為醫生最重要的特質。雪莉・特克（Sherry Turkle）在她的精彩著作《重新與人對話》（Reclaiming Conversation）中寫道：「同理心不僅僅是向某人提供資訊，或幫助他們找到支持團體，而是要讓對方相

信，你會在這段時間全心支持他們，同理心意味著，你願意花足夠的時間讓對方相信，你是真心想了解他們的感受，而不只是告訴他們在同樣情況下，你會怎麼做。同理一個人不只需要時間，還需要有情感相關的練習。」

當你完全投入去傾聽，且真正同理時，你會變得很謙虛。你也常會發現，你其實並不知道別人真正的感受。正因如此，給予專注、耐心和關懷是最重要的。

十1個傾聽的藝術

1・不批判。

2・保持好奇心。

3・練習真正的同理心：即使我無法完全了解你的感受，我會陪伴在你身邊。

4・耐心傾聽：不要老去想接下來要講什麼。

5・利用肢體語言讓對方感受到你的傾聽：姿勢、語調、眼神接觸、不被手機干擾。

6・不用試著預測對話接下來的走向。

7・擁抱片刻安靜。

8・用自己的話重複剛剛對方所說過的。

9．別試著去修正他們的話語或急著告訴他們**你會**怎麼做。反之，可以詢問：「這讓你有什麼感覺？」接著，傾聽就好，不要插嘴。

10．不執著對話的結果。

結論

　　摘掉面具與信任、連結和愛都有關，當我們被充分傾聽及重視，某種強大的力量就會出現。今天起，我希望你更加覺察你那些戴著面具的時刻，並學習什麼時候該戴著面具，什麼時候該卸下。挪出時間定期和你感到親近的人、以及你會有所接觸的人聯繫，創造一個安全、能讓別人和你一起摘掉面具的環境吧，你會成為他人生命中的奇蹟。此外也要了解，你的脆弱面就是你的超能力，因此不需要害怕。正如我的朋友兼心理學家皮帕·葛蘭琪所說：「如果你在生活中需要不斷地刻意表演給別人看，你就不是在生活。」所以你還在等什麼呢？鼓起勇氣，卸下面具，並開始真正的生活吧。

九、天天放個假

GO ON HOLIDAY EVERY DAY

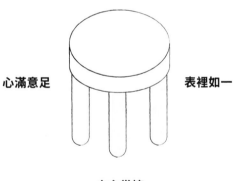

心滿意足　　　　　　　表裡如一

自主掌控

我的朋友之前在工廠上班。某天，他告訴我一個讓他永生難忘的故事。他有些主管桌上放著計數器，每天倒數還有幾天可以放假。「再八十一天就可以去佛羅里達了！」他的直屬上司這麼說。我朋友一直無法忘記這件事，因為這顯示出他的同事們對當時大家的日常，感到多麼不滿足。

　　假如你希望你的人生如此逝去、絕望地倒數著解脫的日子，你是不可能快樂的：心不平靜、表裡不一，且經常感到和快樂相反的情緒。他這個工廠經理的故事，讓我有好多思緒在心中打轉。我發覺自己沒有真正思考過放假的真正意義，為什麼假期如此難能可貴？佛羅里達、西班牙或沙姆沙伊赫是有什麼他們在國內得不到的東西？

假期是什麼？

　　確實，假期中有很多事情可以享受：陪伴家人、享受美食、小酌幾杯，也可以是爬爬山、逛逛街。但這些事情對大多數人來說，在週末就可以做了。甚至，運氣好的話，在英國我們也是會有連續好幾週的晴朗天氣。我相信假期的真實樂趣在於它給予我們的那種寧靜和自由的感受──一種跳脫出普通日常的感覺。遠離家中的麻煩、沒有緊迫的行程，代表著我們有時間思考、喘息和反省。即便是在前往目的地的飛行途中，我也能以一種獨特的視角來看待原本的生活。我認為，這就是躺在泳池邊的躺椅上，除了完美的藍天什麼都不用看，而毫無愧疚感的獨特美妙之處。

　　放假讓我們能夠以一種在家辦不到的方式遠離日常生活中的紛紛擾擾。即便是跟家人去度假，大多數人也會得到片刻的寧靜，以及穩定心神和反省的機會。僅僅是待在新的地方、以不同的步調過日子，足以輕易地讓

自己與日常生活之間拉開一點距離。即使在忙著討孩子歡心的時候，那種忙碌感覺也有所不同，因為長期來自家庭和工作的壓力都被拋諸腦後了。

但實際上，我們哪裡都不用去，就能有這種體驗了。我們可以每天給自己一個像是度假的片刻，只要找到一個小小的、隱密的地方來獲得心靈平靜、觀點和反思就行了。做到這一點的最好方法，就是在日常中學習獨處。獨處不等於孤單，而是積極、有意識地跟自己相處。能夠享受自己陪伴自己的感覺，對於追求幸福快樂是很重要的。就我而言，我甚至會說每天給自己放點假，是絕對必要的，在沒給自己小假期的日子裡，我明顯沒那麼快樂。

獨處，難能可貴的贈禮

　　獨處帶給我們什麼寶貴的事物？無論是放假時在躺椅上曬日光浴，還是在廚房地板上做瑜伽，它帶給我們最棒的禮物之一就是自我反思。獨處使我們能平靜而專注地審視我們的生活，並在過程中，建立我們的滿足感、掌控感並重拾表裡如一的狀態，這些都能強化我們的核心快樂。它幫助我們觸及內心深處的感受，處理我們的焦慮，讓我們有機會用全新視角看待生活。我們會變得更懂得與自己和平共處，進而與這世界和諧相處。

　　縱使這樣做的好處不計其數，許多個案仍然覺得獨處和自我反思很困難。他們很樂意在旅館的泳池邊消磨一個星期，回到家後，卻連擠出十分鐘的正念專注時間給自己都沒辦法。這部分要歸因於我們快節奏的文化，和圍繞著我們的、充斥著干擾和誘惑的「想要的大腦」世界。

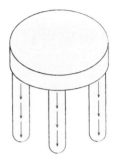

心滿意足

滿足感意味著，坦然平靜
地接受自己的人生和所做
的決定。

表裡如一

代表你內心期望自己變
成的樣子，和現實生活
中的你，是一致的。

自主掌控

意味著你擁有主導權，
且在合理範圍內，沒有
任何事情能夠打擊你。

　　大多數覺得獨處很難的人，就是因為完全不習慣面
對自己腦中的聲音、和自己對話。但是若真心想要更快
樂的話，我們就得認真看待獨處和反思的重要性。

　　我們是無法逃離自己的，即使有時候會很不想面對
自己，只想逃避。因此，我們唯一能做的就是了解自
己，反思就能讓我們做到這一點，再說，如果想要表裡
如一，反思的能力也很關鍵。反思幫助我們了解自己、
檢視自己是否走在成為理想中的自己的道路上。如果看
不清為什麼總是快樂不起來，反省有助於梳理頭緒，反

思讓我們能擷取天生自性所擁有的智慧。

　　僅僅是這麼一點點的正念反思時刻，就能讓我們聽到身體試圖發送的信號。當我還是菜鳥醫師時，曾經學到關於早期病徵的知識。透過定時測量呼吸頻率、心率和體溫等關鍵數據，我們可以預測哪些個案在幾個小時後狀態會惡化。藉著發現數據移動的趨勢，我們可以立即介入並防止它發生。每天給自己放點假，能讓我們與自身的預警系統連結，偵測到身體給我們發送關於未來病兆的微小訊號。例如，我會知道自己的壓力正在提升，因為我可以從右肩裡的某處感覺得到。這種偶發性的不適已經困擾我很多年了，但神奇的是，我竟然是最近開始每日小假期的練習後才意識到。現在，我利用它來作為自己壓力值增加的預警。我會知道，若我不去處理，最後可能轉為對孩子們咆哮，或是使用社群媒體時感到很焦慮。只有我每天願意花點時間暫時離開生活，才有辦法解決問題。

每日小假期的好處

每日小假期可以幫助我們：

◆反思生活

◆從全新的視角看待日常問題

◆連結心靈的寧靜

◆提升對於內心深處情緒的認知，並傾聽身體發出的信號

◆改變生活節奏

◆降低焦慮感

◆增加平靜感

◆明白我們值得被照顧

動態假期

　　對大多數人而言，運動是連結心靈寧靜、做到每日放假的最簡單方式。當然，當我們真的出走到別處時，我們身體會動得更多，例如在游泳池游泳、探索一座新的城市，或是在大自然享受一段漫長的散步。當我們的腦袋過度運轉，或是陷入負面思考的漩渦時，活動一下將會特別有幫助。

　　有很多方法可以幫助你於運動時連結心靈的寧靜。佛教中有一種古老的修行叫做行禪，重複一樣的動作能帶來類似催眠的效應，我們走路時，不斷重複著將一隻腳放於另一隻腳前面，便比較能關掉大腦中思考的部分，調節進入到較為平靜且具有創意的部分。多項研究發現，走路有助於消除沮喪並促進心理健康，尤其是在大自然中漫步的時候。我哥哥每天都會用跑步或走路三十分鐘來給自己放點假。有次他回家後，告訴我他的煩惱似乎變得沒那麼嚴重了，而有些他原先感到無力解決

的問題，現在就可以清楚看到解決方法。

我的另一個朋友喜歡在跑步時練習內觀冥想，專注於自己的呼吸，慢慢地將注意力從頭頂一路向下帶到他的身體、腳趾，再慢慢回到原點。這是一種高強度的自我鍛鍊形式，完美結合身心健康的鍛鍊。

但也不需要讓規則把事情搞得太複雜，只要挑選任何一種你會喜歡的活動就夠了。即便只在附近街上走路十分鐘，也能為身心帶來意想不到的好處。你需要的不過是能讓你脫離日常雜音，且讓你可以在短時間內感覺身心平靜、進行反思的活動而已。

對於我們這些久坐族來說，定時站起來動一動尤其重要。事實上，我們人類的身體跟心靈原本的設計就不是為了久坐不動。近年來，我們大部分的工作都是要動腦、費心神的，然而，幾萬年來我們的工作卻都是體力活：在堅硬的土地上挖掘塊莖、建造房子、步行數小時去打獵。

動態式的每日小假期包括：

◆走路　　　　◆游泳　　　　◆瑜伽

◆跑步　　　　◆騎腳踏車

（以上活動都有各自的好處，但我真心覺得，游泳在這個交流密切、步調快速的世界裡，有種獨特之處。浸在水裡可以讓我們遠離科技、降低日常生活的嘈雜，這是其他活動無法比擬的。）

靜坐

雖說運動很重要，但千萬記得，不要把它當作唯一的獨處練習。不然，你可能會錯過靜坐練習可以帶來的絕佳好處。冥想、寫日記或呼吸等練習有時可幫助我們連結或解開一些動態活動所不能化解的情緒。

這正是發生在我的一位個案身上的故事。五十八歲的米蘭達每天都會跑步或走路，她告訴我這就是她冥想的方式。她說，靜坐練習不適合她──她比較適合也真的很喜歡動態活動。我解釋說，雖然跑步對她來說的確是一種冥想，但它不能代替靜坐練習。米蘭達儘可能滿足他人的需求，只想取悅別人。她一直忙著幫助別人，但這讓她無法放鬆下來，也影響了她的睡眠。周圍的人都認為她超級開心，不過她這種無法靜下來面對自己想法的跡象，讓我懷疑有更深層的東西在影響她的幸福。

我好說歹說，才讓她相信每天花個十分鐘寫日記是

很值得的，可以檢視自己是否得到了跟跑步時不同的生活視角與人生觀點。才不到一週，她就開始能清楚講出關於二十年前一段失和友情的想法。

在那一年中，米蘭達開始修復這段破裂的關係，她打電話給這位老友，後來兩人也見面了，米蘭達也開始修補與哥哥的關係。這一切讓她感到平靜許多，更滿足、也更表裡如一。若光靠獨自慢跑，她是不可能做到這些的。這就是為什麼我贊同越南佛教僧侶一行禪師的觀點，他曾提出很高明的開示：「不要老是做事，坐著就好。」

米蘭達一直用**做事**來讓自己忙碌。表面看來，她的生活美好極了──熱愛自己的工作，也很積極照顧健康。但實際上，雖然她的忙碌看似「健康」，卻是她逃避內心深處那些封閉情感的方式。獨處練習──在米蘭達的例子中是寫日記──幫助她了解自己，而這是走路或跑步都無法幫她辦到的。

類似米蘭達的狀況並不少見，二十一世紀的生活，步調快速而忙碌，許多人長期活在不堪負荷的狀態中。即便我們試著放鬆並按下暫停鍵，往往還是在沒事找事

做。我們都忘了自己也是人類，比起**不停做事**，我們更需要**活在當下**。許多人都覺得非常難做到，但這值得堅持下去，因為它能帶來的好處能讓人有巨幅轉變。

如果看不清為什麼總是快樂不起來，反省有助於梳理思緒，讓我們看清楚。

讓寧靜成為你的超能力

　　為什麼不靠運動也要能進入平靜和獨處的狀態那麼重要，還有一個關鍵原因──那就是自由。如果只能靠運動才能收穫對生活的看法、進入平靜的狀態，那你就是把所有雞蛋都放在同個籃子裡。如果你必須仰賴功能健全、毫髮無傷的身體才能進入平靜和獨處狀態的話，那萬一扭傷腳踝，不能走路怎麼辦？萬一傷到膝蓋，不能跑了怎麼辦？諸如此類的情況相當普遍，並產生了許多麻煩。我有很多個案以及自己的朋友，都因為受傷無法訓練而變得焦慮、沮喪和憂鬱。

　　我的一位個案，五十四歲的溫蒂，喜歡在大自然中漫步來讓自己每天放點假，因此得以放鬆、暫時逃離生活並自我反思、檢視人生。但幾年前，她深受腳底疼痛所苦，好幾個月都不能走路。因為沒有其他的方式來放鬆、自我反思，她不知如何是好，結果迅速陷入心理混亂的深淵。直到我鼓勵她每天練習冥想，她才重拾對生

活的掌控感，重新感到平靜和滿足。

　　同樣的自由原則也適用於周邊設備。若只能靠手機和耳塞才能轉移注意力的話，你就像囚犯一樣被困住了。我知道很多人在跑步或走路時非常依賴耳機，導致如果有一天，因為某種原因耳機壞了或手機沒電了，他們就會開始有點焦慮，接著感到很有壓力、沮喪和暴躁。本來應該是帶來放鬆和充電的「每日小假期」，迅速變成了一場壓力巨大的噩夢。你有過這樣的經歷嗎？

　　我希望你慢慢培養出不需要自己以外的事物，也能日日小度假的能力，自由的最高境界就是如此。當你能夠做到這一點時，就能大幅強化支撐核心快樂三腳凳的所有基礎，你會感到心滿意足、擁有對生活的高度掌握感，並達到表裡如一的境界。我從來沒說過這很簡單，就像跑馬拉松需要好幾個月的練習，想要能安靜地坐著以及單獨自我反思，都需要時間和耐心培養技巧。別聽到需要時間跟耐心就卻步了，你不會想開外掛、或是快轉這個過程的，因為過程本身就是最最最珍貴的地方。

　　隨著一次一次的練習，你會越來越了解自己。哪個部分讓你感到困難？什麼時候會分心？你需要依賴什麼

來轉移注意力幫助放鬆？心無旁騖的時候，你的思緒會
飄到哪呢？學會這一點是非常重要的，且過程本身就有
很多收穫。你無法光靠看這本書或其他書籍就學會這些
事情，你只能親身經驗來學習。

連我都是到了前一兩年，才有辦法在沒有任何外來
幫助下，隨時進入靜心的狀態，而在做到之前我已經練
習了很久了。我不再需要冥想應用程式來輔助，但偶爾
想用還是會用。我喜歡散很久的步、聽播客或音樂，但
沒有這些，我同樣感到很滿足。

本書的目的是幫助你成為自己健康和幸福的建築
師。在社會中，我們越來越習慣於依賴外在事物，像是
物質或是應用程式，來得到平靜和滿足。如果不能安靜
地坐著思考，自始至終，你的幸福總會受到其他事情所
擺布。正如哲學家布萊茲・帕斯卡（Blaise Pascal）
所言：「人類的所有問題都根源於，無法獨自安靜地坐
在房間裡。」有辦法隨時隨地進入靜心狀態，將是你的
超能力。

個案研究

薩莉是數位行銷人員，三十一歲，在美妝業工作。她來找我是因為有腸胃道不舒服的症狀，她每天都會不斷地跑廁所，這對她的工作和社交生活產生了不良影響。之前的醫生診斷她有腸躁症，並開了很多藥，很不幸地，一點幫助也沒有。薩莉失控的症狀讓她自我感覺很糟糕，她也會經常將脾氣發洩在丈夫身上，這件事已經開始讓他們的感情惡化。

我在整個職業生涯中發現，壓力是腸道問題的兇手，甚至比飲食影響更大。發現薩莉總是處在壓力臨界點時，我一點也不意外。因為她和老公都在家工作，還要照顧兩個小孩，時間總是不夠用，但當她一閒下來不做事的時候，心裡就會感到內疚，她從來沒有把時間留給自己。

我告訴她，練習每天放點假會很有幫助。她透露自

己曾經酷愛跑步，但現在她真的沒時間「好好」地跑。在她的認知裡，跑就要跑一小時才算跑步，但跑這麼久她會覺得內疚。

我解釋說，即使只有跑二十到三十分鐘仍然是有益的，尤其對心理健康方面。這讓她能短暫脫離生活，並進行自我對話與反思。這種形式的「假期」，也能讓她在回到工作時，做事更有效率。

四週後，薩莉跟我說，她感覺活得更像自己了，她現在已經完全理解以前工作太拼命了，她還發現腸胃道症狀有了明顯的改善。她試著每週跑步三天，在跑步的那幾天，她感到不那麼焦慮，壓力也減輕了，並且睡得更好。

我向她解釋說，她每天都需要來點假期，不僅僅是一週三次。如果其他日子不想跑步的話，可以嘗試其他運動，或是練習靜坐，她於是決定每日做十分鐘的流瑜伽。六個月後，當她又更進步時，我讓她每天增加五分鐘的冥想時間，這讓她能以跟跑步和瑜伽完全不同的方式，傾聽身體並與心靈連結。一年後，她的腸道症狀完全好了。

如何練習每日小假期？

每個人的每日小假期都是獨一無二的，嘗試不同的方法，看看哪一個最適合你和你的生活型態。你可以依照自己的需求和每日行程安排，在不同的方法間轉換。

這種練習的關鍵，是讓你有時間把思緒轉而向內，不向外攀緣，讓自己有辦法反思生活。我們尋求的是，有時間走出生活、得以獨處，並獲得全新的人生觀點與視野。運用以下的原則來引導你：你不需要遵守全部的原則，但越多，成效越好。

◆ 一個人能做的事

◆ 能夠帶你進入當下的事

◆ 不依靠手機的事

◆ 在完全靜默中完成的事

　　很多人覺得動態的小放假比較容易開始著手。或許你每天都會戴著耳機散步，這太棒了！現在，你試著每週幾次，不戴耳機，就讓自己沉浸在寧靜和自己的呼吸聲之中。重要的是要善待自己，這不是在比賽，而是終其一生的練習。我們要的，只是一點一點、慢慢地進步而已。

　　慢慢地，我希望你努力將靜坐融入生活，哪種形式的靜心靜坐都可以。根據我的經驗，最好的方法是正念呼吸、寫日記或冥想。

　　我自己有一整套不同的方法，可以用來每天放點假。我的動態練習會是走路、跑步、游泳，偶爾也會騎個自行車；做靜態練習時則會冥想、正念呼吸或寫日記。如果你覺得有更適合你和你生活模式的方法，歡迎自己創造新的練習。

寫日記

　　歷史上許多偉人都提倡寫日記的好處。苦行的斯多葛派哲學家馬可・奧理略（Marcus Aurelius）和曾是奴隸的老師塞內卡（Seneca）都明白，每日的日記寫作有多麼強大、實用。對於斯多葛派思想家來說，這不只是一本日記，更是構築他們整個人生哲學的基石。

　　我認為寫日記很棒，因為它是那種可以同時強化核心快樂三腳凳所有支柱的練習。將想法從腦海轉移到日記頁面上可以在自己和情緒之間創造寶貴的距離，這有助於你感覺平靜和更有主導權，對於做表裡如一的練習是特別有效的。寫日記可以讓你與自己對話。不用幾天，你就會發現更解自己了，而隨著時間拉長，好處會像是複利滾動一樣。有時，你會得到實質上的突破；有時，你可能感到只是在按表操課而已。但是逐漸地，你會有辦法覺察自己表裡不一的地方，且培養出讓自己重回正軌的智慧。我發現每天寫日記本身就很療癒。

　　寫日記的方法有很多種，可以寫典型的長篇日記，也可以只寫下三個詞來描述當下的感受，亦有些人喜歡抄寫勵志語錄。無論你選哪一個，實際用手寫的方式來寫日記是最關鍵的，它有助於將想法和概念烙印在潛意識裡，這是光用想的或是打在手機裡都辦不到的。

想要知道更多寫日記的練習，可以上 www.drchatterjee.com/journalling；想收聽關於我與神經學家塔拉・史瓦特（Tara Swart）談論日記的力量的播客節目，請上 www.drchatterjee.com/58 收聽。

正念呼吸練習

要改善健康、增加快樂，「有意識地專注在呼吸上」是一種簡單卻常被眾人低估的練習。調整呼吸方式可以改變自我的生理和心理狀態，透過用鼻子而不是嘴巴呼吸、從腹部而非只用胸腔呼吸、讓吐氣時間比吸氣時間久，你就能刻意改變身體的壓力反應。這就像你向大腦發送信號，告訴它你很安全，要它不必擔心；這可以讓你更冷靜、更能掌控人生，從而增強你的核心快樂；也能幫助我們了解自己，使我們更容易保持表裡如一。更可以讓身體擺脫有害的壓力狀態，進而改善健康狀況。

正念呼吸練習對於患有焦慮症、困在消極情緒裡的人，有著極大的效果。通常我們會試著用心思來解決內心的問題，卻總是徒勞無功。雖然這聽起來很合理，但實際上很難用心思去解決內心的事。我們的心接收來自周遭世界的信號，其中很多信號是透過身體來傳遞的，

刻意地改變身體的信號，是一種讓你得以深入內心的強大捷徑。

　　正念呼吸有助於平息內心的情緒波動，它讓我們更能抵抗壓力，並連結內心的想法和情緒。透過有意識地練習呼吸來每天給自己放點假，真的會改變你的人生。在許多方面，呼吸的方式決定了你的生活模式。它藉由給予選擇帶給我們力量：你想要讓壓力駕馭自己，還是自己來駕馭壓力？

> 我們不斷忙著做更多、成為更好的人、獲得更多的東西，忙到都忘記了單純活著的樂趣。

想要選擇適合的呼吸練習，可以瀏覽 www.drchatterjee.com/breathing；想了解更多關於呼吸對身心健康的極大好處，可以收聽我與詹姆斯‧奈斯特（James Nestor）、派屈克‧麥基翁（Patrick McKeown）和布萊恩‧麥肯齊（Brian MacKenzie）的播客，請至 www.drchatterjee.com/breathwork 收聽。

冥想

想要每天放點假，冥想是最有效的練習之一。若能有規律地練習，它的好處遠超過所有其他的練習，且對身體和心靈有極強大的影響。冥想經證實可以降低壓力，並提高專注力和睡眠品質。它讓我們用獨特的視角看待生活，增強自我覺察與意識，讓我們更具活在當下的能力。甚至，冥想也被證實可以減少負面情緒，提升創造力及減輕痛覺。

雖然有這些超棒的好處，可許多人連開始定期冥想都做不到。我們太習慣用忙碌來填滿時間，以至於若停下腳步什麼都不做，就彷彿變成一種奇特、近乎瘋狂的舉動。許多人覺得沒有時間冥想，卻不曉得，花在冥想上的時間，冥想其實會加倍奉還給你。享譽盛名的作家及歷史學家哈拉瑞（Yuval Noah Harari），每天抽出整整兩個小時來冥想，他將寫出暢銷書（例如全球狂銷數百萬本的《人類大歷史》〔Sapiens〕）的能力，都

歸功於這個每日功課。

　　冥想跟多數人想的不一樣，冥想不等於關掉思緒，而是和它當朋友，是要在當下覺察到**所有**冒出來的想法，並且不帶批判地看待它們。這有助於我們成為自己思想和感受的觀察者，而不是受害者，也有助於我們感受平靜和掌握主導權。冥想的好處大多都體現在這項練習本身以外的事物上，在有冥想的日子裡，你會發現冥想之後的你比較不容易激動，也比較不會感到有壓力。你會感到更平靜、更活在當下，對你的人生也有更明確的看法。

進一步選擇適合你和你生活方式的冥想練習，請至 www.drchatterjee.com/meditation；想收聽我與著名的冥想老師萊特‧瓦金斯（Light Watkins）的播客談話，可上 www.drchatterjee.com/23 收聽。

從日常練習到必要儀式

一開始進行每日小假期的練習時，你會覺得這像例行公事一樣。但是，一但它開始發揮神奇的作用，感覺就不再像是例行公事，而是一種儀式。兩者之間的區別在於你的態度和意圖，例行公事是平常定期會做的事情，例如倒垃圾；儀式則蘊含意義，這是一種每天愛自己的舉動、關心自己的理由，可以擺脫世界的壓力，同時提醒自己你有多珍貴。這對你來說，是很神聖的練習，而且如果有一天沒有做的話，內心會明顯感受到情感的空洞。

你的儀式是專屬於你的，它可以是單一或是一連串的練習。我的早晨例行公事從整理床鋪開始，聽起來或許沒什麼，但這對我如何看待自己有很深遠的影響。它讓我感覺自己已經有條不紊地完成了當天的第一個任務，這種對混亂的掌控感增強了我的核心快樂。然後我會做我的第二本著作《壓力解決方案》（The Stress

Solution）裡提到的「3M 晨間例行公事」，我的許多讀者也都發現它相當受用。這三個 M 包括正念（Mindfulness）、運動（Movement）和心態（Mindset）。以我來說，這可以是五分鐘的呼吸練習，接著十分鐘的冥想，然後在煮咖啡的同時來個快速的五分鐘運動。之後我會喝咖啡，配一本能提振身心能量的書。這一切只需要二十分鐘左右，就能重整我的思緒，進入平靜及和諧的境界。完成 3M 之後，我覺得自己的內在生活和外在行為更加吻合：我變得更加表裡如一了。

如果這樣會有幫助的話，你可以在開始前，花個幾秒鐘的時間，告訴自己，我要暫時離開外在世界、投入寶貴時間進入內心世界，這樣會增加這些練習的儀式感。這可以是走出門散步前的三次深呼吸，也可以是在做瑜伽前故意蓋上筆電或手機關機。

或許在家中一個特別的地方點上蠟燭，你就可以在那邊冥想、安靜地坐一陣子。或者，只是獨自坐在一個乾淨的空間裡，喝杯咖啡，然後深深專注在這個享受的體驗裡。

這是一種每天愛自己的舉動、關心自己的
理由、擺脫外在的壓力，同時提醒自己你
有多麼珍貴。

要觀看我詳細介紹早晨例行公事的影片，請至 www.drchatterjee.com/
morningroutine 收看。

結論

　　你不需要等待那一週的年度假期、跳上飛機的剎那才能感覺很棒，你可以隨時從日常生活中度個小假期，而且你應該這麼做！每天這樣做會賦予你一個全新、積極的生活視角，也有助於讓你更能感受到身體的狀態。你會開始更了解自己，以及自己與周圍的世界互動的方式。你會感到更有主導權，平靜且更加表裡如一。日常小假期就像在健身房鍛鍊你的核心快樂。而最棒的一點就是，這種感覺總是好極了呀！

十、奉獻自己

GIVE YOURSELF AWAY

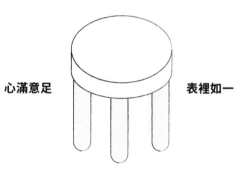

心滿意足　　　　　　　　　表裡如一

自主掌控

到目前為止，本書的每一章都以自我為中心，這聽起來或許驚人，但我沒有要道歉的意思。我沒做錯，我始終堅信一個原則：每個成年人最終都要為自己核心快樂三腳凳的支柱——表裡如一、心滿意足、自主掌控——負起全責。沒有人可以幫我們增強核心快樂，像是除了我們作為父母和朋友的職責之外，我們對於其他人的核心快樂能做的，其實不多，但這並不代表完全只專注在自己身上是件好事。

　　正好相反，相關的研究結果一面倒指出：關注別人生活的人，生活更快樂。還有好多其他研究結果都佐證了這一點。捐較多錢給慈善機構的人比那些捐得少的人更快樂，付出時間做志工通常也讓人更快樂。心理學家伊麗莎白・鄧恩（Elizabeth Dunn）博士主導的一項研究，給予實驗對象金錢，他們得花在自己身上或招待別人，這些人的情緒隨後會受到評估。結果顯示，被要求招待他人的那組，明顯比另一組快樂得多。我們也發現，有酗酒問題的人若能將注意力轉移到服務他人，往往比沒這樣做的人更容易維持清醒。在這些族群中，高達94%的人憂鬱程度也較低。

個人主義的那種自我關注，
對我們是有善的。

生來好施

　　向外探索有強大的正面效益，因為我們天生就是要與他人連結。身為群居動物，當我們幫助周遭的人，我們自然也會更加茁壯。人類生來就是要與他人互動連結，在前臂和上背部的皮膚，佈有特殊的觸覺感受器，只有在被撫摸時會有反應。當它們被觸發時，會向大腦發送訊息，降低壓力荷爾蒙皮質醇的水平。我們一出生就被賦予神奇的能力，可以藉由語調、肢體語言、微表情，甚至氣味，來了解旁人的感受，所以我們可以知道他們在想什麼、是不是需要幫助。

　　然而，「想要的大腦」是個人主義的。我們生活在核心家庭，而不是大家庭中，且經常在離出生地和成長的社區支持人際網絡很遠的地方成家立業。我們被鼓勵把自己視為獨立的個體，而非緊密連結的社區一分子。我們經常被許多如何提升生活品質的訊息轟炸，某方面來說這是好事，因為個人主義是建立在每個人珍貴的價

值觀上，這給了我們人權的概念。但是在其他方面，個
人主義的那種自我關注對我們是有害的，它會讓我們很
容易就忽視了自己天生想要為他人貢獻的念頭。

宗教的真諦

　　直到最近，人類才開始向科學尋求獲得快樂的關鍵。綜觀人類歷史，大多數時間我們會向精神領袖尋求這種幫助，這些老智者背後代表的宗教通常非常古老——往往也充滿智慧。我在印度加爾各答（Kolkata）的一個印度教家庭長大。每年我們有個非常盛大的慶典，活動為期多天，名為杜嘉女神節（Durga Pujia）。我還記得小時候參加活動的事，沒錯，現場有很多的誦經、禱告和儀式，但同時也有一種真實的社區連結感。在儀式的尾聲，所有人都會得到食物，而這需要志工幫忙才能完成。某一年，我被迫擔任發放食物的志工。起初，我很不情願而且覺得生氣難過，因為不能和朋友繼續玩耍，但之後，我永遠記得當時的美妙感受。

　　「想要的大腦」經常試著說服我們不要為了大我而奉獻自己。它會說：「這對我有什麼好處？」但幾千年來，許多宗教已經知道，克服這些自然的感受是必須

的。幫忙他人能大幅增強核心快樂三腳凳的所有支柱，我們會感到心滿意足、對事物有掌控力，並且更加表裡如一，因為在內心深處，我們都想成為幫助他人的人。

無獨有偶，**所有**宗教的核心思想都有奉獻自己的概念，即使奉獻的形式不盡相同。而世俗的科學世界，我們才剛開始理解，這樣做對我們的心理健康有多麼重要。我們現在已經知道奉獻自己能對心情產生強大效果，減少憂鬱的症狀。情緒低落時，創造快樂最快、最有效的方法就是向外看。

擔任志工已被證實能提振心情、減輕壓力並讓人更長壽。更夢幻的是，它甚至延展了我們對時間的感知，減少時間不夠用的感覺、也減輕我們的壓力。正如我們在第四章中學到的，這能為核心快樂帶來許多不可思議的好處。請務必將這點牢記在心，因為二十一世紀的快步調生活，讓許多人以為自己沒有時間來奉獻自己。

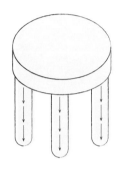

心滿意足

滿足感意味著，坦然平靜地接受自己的人生和所做的決定。

表裡如一

代表你內心期望自己變成的樣子，和現實生活中的你，是一致的。

自主掌控

意味著你擁有主導權，且在合理範圍內，沒有任何事情能夠打擊你。

上一次幫助他人時候，你的內心、你的

靈魂深處有什麼感覺呢？

感激與原諒

　　付出奉獻的意義，不單單只是實際行動去幫助別人，能夠拋下自私的思考模式，也是構成幸福的關鍵之一。當我們變得過於自我中心時，往往會忘記對生命中美好的部分心懷感激，我們也會無法原諒跟我們發生衝突的人。感激目前所擁有的並有意識地練習寬恕他人，是常見的心靈修行練習，原因很簡單——因為有效。

　　這些練習能鞏固人際關係，讓我們在自己的社交圈裡更有安全感和掌控感。此外也會讓我們感到更滿足、平靜，並讓我們更貼近理想中的自己：在缺乏感恩或是心存怨念時，人是很難自我感覺良好的。無數的現代研究都證實了，這些幾千年來不同宗教早就知曉的道理。研究發現，持續嫉妒、憤怒和羨慕會使身心處於壓力狀態，它向大腦發出信號，告訴它我們身處的環境不安全，這將進一步導致更多壓力，也讓我們掉入憂鬱的迴圈。寬恕則能逆轉這個過程，將我們往快樂持續推進。

心懷感恩之心也證實對幸福有強大的影響。人類會為最糟的情況做足準備，因為我們的大腦已在無數的危機時刻中逐漸進化了。在石器時代，對任何可能威脅生命的事件保持高度警覺，會對我們有幫助。然而，今日人類的生活比起以往，可說是安全太多了，但我們的大腦仍然保有著遠古時代的設定。心理學家發現，我們接收的十個訊息中，有九個都是負面的，只有一個是正面的。這對提升核心快樂而言，無疑是個壞消息。它讓我們用一種扭曲、過度焦慮的眼光看世界，我們會感到無力掌控、不開心。

心懷感恩是治癒負面消極的良藥，它已被證實可以減輕焦慮、改善睡眠、減輕抑鬱症狀，並對人際關係、同理心和自尊心產生正面影響，也可以改善血壓和對疼痛的感知。感恩是一種社交情感，它提醒我們自己是備受支持而且相當安全的，也幫助我們和周遭的人連結。每一年，芝加哥大學的心理學家尼可拉斯・艾普利教授都會要求學生寫一封感謝信給某個為他們做了件重要的事、但還沒有機會感謝的人。在寄出信之前，他們必須預測自己和收件人在信寄出後的感受。艾普利發現，他們不僅嚴重低估了收件人的快樂程度，也低估了自己的，沒想到原來寫個信可以這麼快樂。

當作獨立的練習也好，或是與寫日記並行也可，每日有意識地表達感恩的心，對於獲得快樂是必須的。它對身心健康有強大的影響，最棒的是，它完全免費。除了能降低焦慮感，還能促使我們更加表裡如一。它也提升了自我掌控感，因為這讓我們擺脫對過去的糾結或對未來的擔憂，進而活在當下。

此外，練習感恩還有一個額外加碼獎項：我們將更有機會體驗到心流狀態（參閱第124頁）。

學會感恩

感恩的情緒能將你與你的社交世界連結起來。我希望你選一種真正對你有意義的感恩習慣,並經常實踐。以下提供入門的參考:

◆ 每週寫感謝信給一個人。寫下他們過去為你做過的事情,並表達你的感謝。儘可能具體說明,例如,你可以向你二十多歲時,幫你搬家的人表示感謝,或者是那個協助你準備面試的朋友。我鼓勵你寄出這封信,但即使你沒這樣做,光寫信也會帶來許多好處。

◆ 每天在日記中寫下三到五件讓你感恩的事情。你可以選在早上起床時做這個練習,或者在睡前也行,來幫助你放鬆。一段時間後,你可以試著寫得更加具體詳細,來加強效果。對於每件你感恩的事,試著從簡單的想法開始,然後看能不能寫出一整個段落。

◆ 與親友圍在桌旁,大家輪流分享三件覺得感恩的事。記得,要儘量詳細一點,並試著每天不要重複。

◆在壓力或焦慮的時刻，停下來，把注意力轉移到生活中值得感恩的事物上。任何事情，即使只是小事，都能夠讓你感覺更表裡如一、更心滿意足、且更具掌控力。

你越常感恩，感恩就會變得越簡單，你的內心也會對生活的各個方面更加感恩。這不會花太多時間，也完全免費，但只有你真的去做才會有效，所以你還在等什麼呢？

信仰如何創造核心快樂

　　有研究顯示，具宗教信仰與修行習慣的人比沒有這些習慣的人更加快樂。本章中我們探討了宗教如何敦促人們練習寬恕及感恩，以及付出時間來奉獻自己，但宗教能幫助建立核心快樂的方式並不限於這些。我在奧爾德姆（Oldham）當一般科醫生的那些年裡，理解了這一點。當時來我診間的都是屬於英國社經地位最弱勢的群體，許多人是第一代移民，生活處處充滿血淚，他們離鄉背井，得不到家族親人的支援，做著艱難又單調的工作，卻賺不到什麼錢，不受重視也得不到尊敬。

　　然而，儘管面臨重重困難，許多人仍過得很快樂，因為他們對自己的信仰有很強的連結。有一次，當一對年輕夫妻因為他們的嬰兒悶死來找我時，我深深體會到宗教帶給人的支持。這是他們的第一個孩子，他們走進來時，我用溫柔和慈悲的態度招呼他們。我以柔和、充滿感情的音調，詢問他們的狀況。他們告訴我說，這個

意外是上帝的旨意，背後一定有其發生的原因。一開始聽到時，我有點震驚，再仔細想了想之後，我終於了解這是因為信仰在背後支撐著，他們對宗教的堅定信仰幫助他們度過了這段可說是最痛苦的經歷之一。

宗教給這對夫妻帶來不可思議的力量，讓他們得以掌控生活，並且讓他們相信宇宙中存在著秩序、正義和穩定性。一切都是上天決定的，而上天的意圖一定是好的，一切都是最好的安排。宗教也直接強化了核心快樂三腳凳的另外兩隻腳，它提供了一個強大的工具箱，可以讓我們得到最多的滿足感。一旦感到懊悔或是反覆糾結，我們可以藉由冥想、祈禱或從經文中得到慰藉。

最終，這必定會帶給我們內外和諧的表裡如一。它給我們指引，告訴我們應該努力成為哪種人，然後以經文或是宗教顧問的形式提供幫助，無論他們是基督教的牧師、猶太教的拉比還是回教的伊瑪目。我相信，這就是宗教幾千年來如此成功和受歡迎的原因。宗教隨著時代進化，幫助核心快樂三腳凳站得穩固——即使是在最糟糕的情況下依然如此。

當然，我們不一定要信教，才能獲得這些好處。本

書的用意在於提供一套架構，無論是否有宗教信仰，都可以在日常生活中實踐。

我們這些醫生都錯了嗎？

　　像我這樣的醫生給個案的建議，大多是跟獨自做某些活動有關，像是改變飲食、上健身房、服用藥物等。我們受的訓練教導我們將每個病人視為個體，而非大團體的一部分。但人類是群居動物，我們在群體之中會過得比較好。如果這樣說，代表著我們在群體中的療癒效果也更好嗎？

　　薩默塞特郡（Somerset）有位相當激勵人的一般科醫生提供了有力的證據，說明情況可能真是如此。2013 年，當海倫・金斯頓（Helen Kingston）醫師注意到許多個案認為受到的治療是治標不治本後，便啟動了「同理心弗羅姆計劃」（Compassionate Frome Project）。她將個案與社區團體聯繫起來，無論是合唱團、寫作班、午餐聯誼社還是諮詢關懷中心，症狀相仿的人都可以聚在一起聊天。

　　神奇的是，計劃實行後，弗羅姆醫院的急診案件下降了15%，而薩默塞特郡其他地方則大幅增加30%。正如已退休的安寧照護顧問朱利安・阿貝爾（Julian Abel）博士所說：「世上沒有任何其他措施，能降低人口中掛急診的比率。」那到底是什麼原因導致這些難以置信的結果呢？道理很簡單，因為弗羅姆地區的人為彼此貢獻自己。

想聽我與朱利安・阿貝爾博士關於這些神奇的發現，以及關於同理心的強大治癒力的播客訪談，請至 www.drchatterjee.com/138收聽。

個案分析

　　過去幾年，人們對所謂的「社會處方」（social prescribing）越來越感興趣。這意思是讓個案與他人一起參加如烹飪班、讀書會、園藝、公園跑步或當志工等活動，早期跡象顯示社會處方對於身心健康有極大的好處。

　　幾年前，我接觸了一位說她已經不想活了的個案。塔內莎，二十三歲，剛從大學畢業，學歷亮眼。雖然前途一片光明，然而她鬱鬱寡歡，對世界漠不關心，做任何事都沒有動力。只有在極少數的情況下她才會感到快樂，但是往往稍縱即逝。無可避免地，她在垃圾快樂中尋找慰藉，用酒精麻痺痛苦，並狂看真人秀和You-Tube影片。

　　隨著對她的了解越來越深，我注意到她很少提到家人、朋友或摯愛的人。她的父母和哥哥弟弟住在伯明

罕，她沒有和任何大學朋友保持聯繫。當我建議她嘗試參與公園競跑來提升心情時，她很難得開懷地笑了出來。「你不用真的下去跑，」我說，「你可以當志工。」雖然相當不情願，但她同意試試看。

在第一個星期六，她幫忙設置路障，接著在其中一個角落協助指揮，確保參賽者能朝正確方向前進。她覺得有點害羞和格格不入，所以沒說太多幫跑者加油打氣的話。在接下來的幾週，因為開始覺得比較自在了，塔內莎開始鼓勵其他人。她喊著：「你可以的！」或是：「只剩一公里了！」後來，她休息了一週，再回來時，一名參賽者經過她時大喊：「塔內莎！上週我們很想你喔，很高興你回來了！」完全出乎自己意料之外，她哽咽了，喜悅的淚水湧上眼眶。

當志工不光只是改變了她的生活，才短短幾個月，她從偶爾有自殺念頭，轉變為完全擺脫了憂鬱症，這是用再多藥物治療或者談話療法也無法比擬的進展。她的問題不是缺乏血清素──而是缺乏被需要的感覺。公園競跑的執行長曾在我的播客中說，公園競跑實際上是一種「佯裝成跑步活動的社會干預」，我覺得說得實在太好了！

想聽我與公園競跑執行長尼克‧皮森（Nick Pearson）的播客談話，請至 www.drchatterjee.com/42 收聽。

善良波浪

　　以下或許令人難以置信，但千真萬確：研究發現，行善對於健康和快樂的影響，比調節飲食和運動還要大。行善會向大腦發出信號，讓它知道生活很美好。它也會幫助你從不健康的壓力狀態，轉換至蓬勃發展的狀態。日本的一項研究也發現，當人們每週花點時間細數自己的善舉時，會變得更加快樂。另一項研究則顯示，你做的善事越多，你就會變得越快樂。無論行善的對象是你摯愛的人或陌生人，對快樂的影響都是一樣的。

　　但也許，行善最神奇的特質，是它帶給世界的漣漪效應。當我與身心互動專家大衛・漢密爾頓（David Hamilton）博士對談時，他告訴我：「把我們與他人的日常連結和社交互動量列入考量的話，你剛剛幫助過的人在接下來的一天裡，有可能會再對另外五個人更好更友善，那五個人可能又會對其他五個人更好，而這五個人全部都會再對另外五個人更好更友善。」

　　因此，可以合理總結說，任何一天的一個小善舉，都有助將善意傳播給一百多人。當你決定用小小的善舉奉獻自己時，你就發送出一個動人的快樂波浪，這個波浪將會遠播世界、深植人心。

要收聽我與大衛・漢彌爾頓博士談關於善良的治癒力的播客對談，請至 www.drchatterjee.com/104。

為期一週的善良計劃

每天做一件善事，持續一週。每次完成一件善事後，檢視一下自己的情緒感受。它讓你感覺如何？如果發現你的核心快樂明顯提升了，請持之以恆。

以下提供你一些想法：

◆幫附近的老鄰居買東西。

◆替家族外的人煮一頓飯。

◆晚上發一封簡訊給某人，讓他知道他對你來說，有多重要。

◆幫陌生人抵著門。

◆告訴咖啡師他煮的咖啡有多好喝。

◆買杯咖啡送給排在你後面的人。

◆幫另一半做腳底按摩。

若要產生最大的效果，可以開始寫日記，記下你完成的善行以及做善事帶給你的感受。

何不試著每個月至少花一週時間這麼做呢？

產生慈悲心的冥想

在內心為他人奉獻自己的一個好方法，是練習慈悲冥想。這項練習已被證實可以減輕壓力、提升幸福感和同理心，同時減少會增加焦慮和抑鬱的自我中心，讓人感覺與他人更加親近，包括陌生人。你可以練習個兩分鐘或二十分鐘都好，取決於你的時間安排和喜好。

◆閉上眼睛，找個安靜的地方坐下，用腹部深吸一口氣然後吐出。

◆想著一個跟你很親近的人，想像他就站在你身邊，無條件地愛你，感受他正流向你的溫暖和慈愛。

◆專注想像將你的愛回饋給對方。提醒自己，這個人跟你一樣——盡心過著幸福和滿足的生活。

◆現在，想像和你親近的其他人，將溫暖和愛傳遞給他們。有些人覺得自言自語很有幫助：「願你的人生充滿喜悅、健康和幸福。」

◆當心中準備好的時候，可以試著針對交情一般或不太熟的人練習，例如同事或在小孩學校認識的家長。針對你不喜歡的人來做這個練習特別有強大效果。

◆最後，向全世界的人送出愛與慈悲。對自己說：「如我所願，祝你有自在、快樂、安康的人生。」

◆最後，深深吸一口氣，然後慢慢吐出。

◆花點時間觀察自己在做完練習後，身體和心靈有什麼感受。

◆張開眼睛。

結論

　　沒有人是座孤島，人類藉由彼此連結的網絡得以生存、成長茁壯。在監獄裡，最終極的懲罰是單獨禁閉，這件事大概不是偶然：從社交圈被剔除，著實是種心理折磨。當我們選擇奉獻自己，就不會體驗到這種地獄般的感受。捨棄自己的慾望與追求，來為他人服務時，那種自由、輕鬆的感覺，真的沒有什麼比這更美妙了。就好像腦中所有自私的煩惱、執著都煙消雲散了一般。這是人生中最美好的諷刺：當我們優先考量別人的幸福快樂時，得到最多的反而是自己。

後記

A FINAL THOUGHT

善於快樂

　　如果有人問我，希望讀者從這本書中得到什麼啟發？我的答案是：你可以變得很容易快樂。快樂不是某個遙不可及的目標，也不是專屬特權人士的心境。它是可以訓練的，每個人都能擁有快樂。所以，是的，這代表你絕對也可以。

　　在本書中，我已經解析了許多經科學驗證的方法，讓你可以增強你的核心快樂。這些方式大多費用低廉，甚至免費，大多數也都不會花你很多時間。我知道我給了超多選項，也許你現在有點不知所措，不知從哪裡開始著手。如果是這樣的話，我建議從任何一個開始都行，你只需要開始就好了。選一項對你最有意義的練習，每天只需要練習幾分鐘就好。一週後，你會比之前更快樂。接著，再換別的方法試試。之後，如果你願意，可再換另一個方法。

　　一點一點地練習，你就會變得更快樂些。如果努力地大量練習，你就會煥然一新。你會發現你跟自己建立了全新的關係，能以一種全新、無拘無束、沒有框架、美麗的方式了解自己。你會發現大部分的自我認同都是外界**替你**建立的，而不是你自己建立的，你被「想要的大腦」的文化制約了，生活在為你量身打造的牢籠裡。我希望這本書，不僅讓你能看清這個牢籠，還送你一把鑰匙。它會讓你擺脫桎梏，成為你沒想像過的那種更優秀、更快樂的人。

　　即使我可以把鑰匙交給你，但我還是無法強迫你去開鎖，唯一能做到這一點的人就是你自己。所以，你還在等什麼呢？

　　開始著手行動吧。

參考資料及延伸閱讀

前言

https://pubmed.ncbi.nlm.nih.gov/17101814/

https://www.apa.org/pubs/journals/releases/psp805804.pdf

Daniel Nettle, *Happiness* (Oxford University Press, 2006 Kindle edition), pp.
67, 113

一、寫下人生的快樂結局

Daniel Nettle, *Happiness* (Oxford University Press, 2006 Kindle edition),
Kindle location 1578

Jane McGonigal, *Reality is Broken: Why Games Make Us Better and How
They Can Change the World* (Vintage, 2012), p. 31

二、選擇少一點

https://psycnet.apa.org/record/2000-16701-012

https://www.wsj.com/articles/BL-NB-309

https://web.archive.org/web/20070928231853/

https://www.academie-amorim.com/us/laureat_2001/brochet.pdf

https://science.unctv.org/content/reportersblog/choices

三、尊重自己

https://bmcpublichealth.biomedcentral.com/articles/10.1186/s12889-020-
8183-1

https://self-compassion.org/wp-content/uploads/2015/04/Hiraoka_Meyer_
etalSelfCompassionPredictsPTSD_JTS15.pdf

https://self-compassion.org/wp-content/uploads/2016/04/Shapira2010.pdf

https://self-compassion.org/wp-content/uploads/2020/06/Neff2020d.pdf

更多有關善待自己的參考資料及延伸閱讀，請瀏覽 Dr Kritin Neff 的網站：
https://self-compassion.org

四、讓時間暫停

https://journals.sagepub.com/doi/abs/10.1177/1948550615623842

https://www.pnas.org/content/pnas/114/32/8523.full.pdf

https://www.pewresearch.org/social-trends/2015/11/04/raising-kids-and-
running-a-household-how-working-parents-share-the-load

https://www.hbs.edu/ris/Publication%20Files/Time,%20Money,%20
and%20Subjective%20Well-Being_cb363d54-6410-4049-9cf5-9d7b3b
c94bcb.pdf

https://pubmed.ncbi.nlm.nih.gov/16698116

Gary Rogowski, *Handmade: Creative Focus in the Age of Destruction* (Linden
Publishing, 2017)

Steven Kotler, The Art of Impossible (HarperWave, 2021)

五、來點摩擦吧

Edith Eger, *The Choice* (Rider, 2018) and *The Gift: Twelve Lessons to Save
Your Life (Rider, 2020)*

John McAvoy, *Redemption: From Iron Bars to Iron Man* (Pitch, 2019)

https://www.bbc.co.uk/sport/54601706

https://drchatterjee.com/if-this-man-can-turn-his-life-around-so-can-you/

六、與陌生人交談

https://www.adultdevelopmentstudy.org

Paul A. M. van Lange and Simon Columbus, 'Vitamin S: Why is Social

Contact, Even with Strangers, so Important to Well-Being?', *Current Directions in Psychological Science* (in press)

https://psycnet.apa.org/record/2014-28833-001?doi=1

https://www.bbc.co.uk/news/world-48459940

https://www.ncbi.nlm.nih.gov/pmc/articles/PMC2944762/

https://journals.sagepub.com/doi/abs/10.1177/1948550613502990

https://doi.org/10.1007/s12144-018-9886-7

https://copeify.com/mentalhealth/2020/11/29/the-surprising-benefits-of-talking-to-strangers

第七章：把手機當成是一個人

https://www.journals.uchicago.edu/doi/abs/10.1086/691462

https://journals.sagepub.com/doi/full/10.1177/0265407518769387

https://www.sciencedirect.com/science/article/abs/pii/S0747563218304643

https://www.bbfc.co.uk/about-us/news/children-see-pornography-as-young-as-seven-new-report-finds

https://www.visualcapitalist.com/the-50-most-visited-websites-in-the-world/

https://journals.lww.com/jrnldbp/Abstract/2014/04000/Pornography_and_Sexual_Experiences_Among_High.3.aspx

第八章：不戴面具的交流

https://thehill.com/changing-america/well-being/mental-health/542186-new-stanford-study-says-zoom-calls-trigger-our

https://www.ncbi.nlm.nih.gov/pmc/articles/PMC2944762/

https://eprints.mdx.ac.uk/10847/1/Lenton_Bruder_Slabu_Sedikides_PhenomenologyAuthenticity_2012.pdf

https://journals.sagepub.com/doi/full/10.1037/gpr0000162

Carl Rogers and Peter Kramer, *On Becoming a Person: A Therapist's View of Psychotherapy* (Robinson, 1977)

九、每天都度假 // 每天都放假 // 天天放個假

https://www.ncbi.nlm.nih.gov/pmc/articles/PMC6137615/

https://www.ncbi.nlm.nih.gov/pmc/articles/PMC7287297/

https://pubmed.ncbi.nlm.nih.gov/24107199/

https://www.ncbi.nlm.nih.gov/pmc/articles/PMC3772979/

十、奉獻自己

https://pubmed.ncbi.nlm.nih.gov/18356530/

https://www.tandfonline.com/doi/abs/10.1080/07347324.2011.538320

https://www.ncbi.nlm.nih.gov/pmc/articles/PMC4851591/

https://pubmed.ncbi.nlm.nih.gov/24853935/

https://www.apa.org/pubs/journals/releases/hea-31-1-87.pdf

https://journals.sagepub.com/doi/abs/10.1177/0956797612442551

https://pubmed.ncbi.nlm.nih.gov/29702043/

Oliver Scott Curry et al., 'Happy to help? A systematic review and meta-analysis of the effects of performing acts of kindness on the well-being of the actor', *Journal of Experimental Social Psychology*, Vol. 76, 2018, 320–29

https://authors.library.caltech.edu/66351/

索引

致謝

　　書籍和播客可以改變世界，我是真心這麼相信的。如今，我們接收到的訊息都是篇幅經過編輯刪減後的，有些甚至是過度簡化了。以整個社會來看，我們真正需要的是多一點細膩、多點層次的多樣性、觀點和同理心。這正是長篇幅的播客節目和類似本書的著作，可帶給我們的，我們能藉此加深對自我的認識。

　　每週在播客「Feel Better, Live More」中的那些深度訪談，使我自己的生活大幅改善了。它們幫助我去蕪存菁，發展、修正我對各種不同主題的思考，而我所獲得的許多見解最終都收錄在你手中的這本書當中。

　　我希望這本書，不只在你首次閱讀時有所裨益，也在往後的歲月裡頭，讓你每次都開卷有益。我相信裡面蘊含的概念，將隨著你人生的進程，而賦予你不同的意義，而你也會定期感受到召喚而再次檢視它。

　　從手寫草稿到轉化白紙黑字成為一本精心設計的書，這都要歸功於整個團隊的努力。我很感激在生活和職涯中，有很多人選擇相信我的人生志業，並致力於廣泛傳播我的信念。

　　致我的妻子薇達塔——不管我做什麼事情，你總是陪在我身邊。你讓我更了解自己，我由衷感謝你為我和我們美麗的家庭所做的一切。謝謝你的真誠、正直、支持與愛，我感謝你的一切。

　　致赫納和阿努詩卡——花時間和你們在一起是我最愛的快樂習慣。你們促使我成為一個更好的人，並教會了我成功的真諦。感謝你們的愛、你們的出現以及你們為我生命帶來的快樂。

　　致我的家人和朋友們——你知道我說的就是你——感謝你們無條件對我的愛與支持。

感謝我的團隊，你們孜孜不倦地幫助我傳播我的信念——克萊兒（Clare）、加雷斯（Gareth）、莎拉（Sarah）、史蒂芬（Steph）、傑瑞米（Jeremy）和蘇菲（Sophie）——誠心感謝你們每一位。

特別感謝威爾·斯托爾（Will Storr）、威爾·弗朗西斯（Will Francis）和索菲·勞里摩爾（Sophie Laurimore）。

海倫·霍爾——和你交換的那些語音訊息幫助我釐清了本書中的許多想法。你是個很特別的人，我好幸運能認識你。

皮帕·葛蘭琪和朱莉婭·山繆爾（Julia Samuel）——感謝你們花時間閱讀手稿並提供如此寶貴的回饋。你們是很獨特的人，擁有不可思議的工作能力。

致我企鵝生活出版社的團隊——這是五年來我的第五本書⋯⋯這一切是怎麼辦到的？你們是很了不起的團隊，真的很高興再次與你們合作。感謝你們願意相信我，也相信我的使命。

克里斯托弗·特里（Christopher Terry）——你細膩精美的攝影，大大地提昇了本書的質感。

我要特別感謝彼得·克朗、嘉柏·麥特、約翰·麥卡沃伊、伊蒂特·伊格、葛瑞格·麥基昂（Greg McKeown）、大衛·布拉德福德（David Bradford）、卡羅爾·羅賓（Carole Robin）和勞麗·桑托斯參與「Feel Better, Live More」播客中關於提升生活的對談。

也感謝我的每一位個案，你們教我的，遠比我教你們的還多。

最後，我要感謝你，我的讀者，感謝你選擇拿起這本書。時間是寶貴的——是我們一生中最珍貴的資源。謝謝你撥出了一些時間給我，不勝感激。

KNOW HOW 003

你要快樂，才能好好生活：
10 個讓你每天更美好的幸福處方

Happy Mind, Happy Life:
10 Simple Ways to Feel Great Every Day

作　　者　冉甘‧查特吉（Rangan Chatterjee）
譯　　者　沈志安
責任編輯　黃家鴻
美術設計　杜浩瑋

總 經 理　伍文翠
出版發行　知田出版 / 福智文化股份有限公司
　　　　　地址 / 105407 台北市八德路三段212號9樓
　　　　　電話 / (02) 2577-0637
　　　　　客服信箱 / serve@bwpublish.com
　　　　　心閱網 / https://www.bwpublish.com
法律顧問　王子文律師
排　　版　杜浩瑋
印　　刷　富喬文化事業有限公司
總 經 銷　時報文化出版企業股份有限公司
　　　　　地址 / 333019 桃園市龜山區萬壽路二段 351 號
　　　　　服務電話 / (02) 2306-6600 #2111
出版日期　2023 年 5 月 初版一刷
定　　價　新台幣 480 元

你要快樂 , 才能好好生活 : 10 個讓你每天更美好的幸福
處方 / 冉甘 . 查特吉 (Rangan Chatterjee) 作 ; 沈志安譯 .
-- 初版 . -- 臺北市 : 知田出版 , 福智文化股份有限公司 ,
2023.05
　面 ;　公分 . -- (Know how ; 3)
譯自 : Happy mind, happy life : 10 simple ways to feel
great every day
ISBN 978-626-95778-7-3(平裝)

1.CST: 快樂 2.CST: 自我實現 3.CST: 生活指導

176.51　　　　　　　　　　　112002641